編み方いろいろ
エコクラフトのかご

荒関まゆみ

Contents

追いかけ編みと引き返し編みの
バッグ
P.8

あぜ編みと引き返し編みの
収納かご
P.9

飛ばし編みのテーブルバスケット
浅型・深型
P.10

飛ばし編みのマルシェかご
P.11

波編みの丸底かご
P.12-13

掛け編みのバッグ
P.14

掛け編みの3色使いの
バスケット
P.15

菱かがりの小さなバッグ
P.16-17

菱かがりの収納かご
P.18-19

この本で使用した編み方	P.4-7	持ち手の巻き方	P.67
角底と楕円底の基礎	P.30-31	ワンポイントレッスン	P.82
3本なわ編みの基礎	P.32	ニスについて	P.88
縁かがりの基礎	P.33		
材料・用具と扱い方	P.34		

八の字かがりの
A4サイズのかご
P.20

八の字かがりの地模様バッグ
P.21

ジグザグ編みのかご 小
P.22

ジグザグ編みのかご 大
P.23

よろい編みの大きなかご
P.24-25

松葉よろい編みのバスケット
P.26

松葉よろい編みの丸底かご
P.27

もろこし編みのかご
大・小
P.28

もろこし編みの
ショルダーバッグ
P.29

＊P.35〜95の作り方のプロセス写真は、わかりやすくするため、実際の作品とエコクラフトの色をかえて作っています。実際の色は、「材料」と「用意する幅と本数」を参照してください。
＊作り方の「裁ち方」の図は、ひも幅をわかりやすくするため、幅と長さの比率を変えてあります。
＊エコクラフトは色によって、ひもの幅に若干の差があります。
＊記載している作品のサイズは目安です。編む手加減によってサイズは変わることがあります。

この本で使用した編み方

この本の作品で使った12種類の編み方とその特徴を解説します。

1 素編み

最も基本的な編み方。縦ひもの総数が奇数のときは、1本の編みひもで縦ひもに対して表、裏、表、裏と交互に編む（編みひもが縦ひもの表側にあるときが表目、裏側にあるときが裏目）。縦ひもの総数が偶数のときは、編み目が重ならないようにするため、2本の編みひもで「追いかけ編み」をする。「追いかけ編み」とは、先行する1本目の編みひもで編んだ目に対して、表目と裏目が逆になるように2本目の編みひもを取りつけ、追いかけるように編むこと。

4 飛ばし編み

1本の編みひもで目を飛ばして編み、連続模様を作る編み方。目の飛ばし方によって、模様にバリエーションが生まれる。

A 表2目、裏2目の飛ばし編み
この模様は縦ひもの総数が4の倍数マイナス1のときに成立。

B 表3目、裏2目、表1目、裏2目の飛ばし編み
この模様は縦ひもの総数が8の倍数マイナス1のときに成立。

2 あぜ編み

縦ひもの総数が偶数のとき、幅の違う2本の編みひもで追いかけ編みをすると、縦じま模様ができる。その模様が「畔」に似ていることから、「あぜ編み」と呼ばれる。

3 引き返し編み

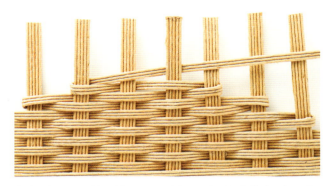

左右の縦ひもの端で折り返して引き返しながら往復する編み方。両端の目を減らしながら引き返し編みをすると、カーブを作ることができる。

C 表3目、裏2目、表1目、裏1目の飛ばし編み
この模様は縦ひもの総数が7の倍数マイナス1のときに成立。

5 波編み

編みひもで1目編んでは、1本のかけひもを上向き、下向きと交互にかけながら編み進めると、波のような模様ができる。縦ひもの総数が奇数のときは、1本の編みひもと1本のかけひもで編む。縦ひもの総数が偶数のときは、2組の編みひもとかけひもで「波編み」をしながら「追いかけ編み」をする。

6 掛け編み

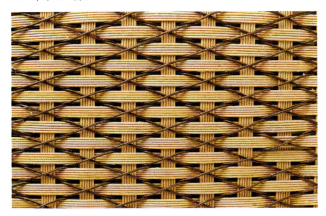

編みひもで1目編んでは、2本のかけひもを縦ひも（編みひもが裏目の縦ひも）の上にクロスがのるようにかけていく。縦ひもの総数が奇数のときは、1本の編みひもと2本のかけひもで編む。縦ひもの総数が偶数のときは、2組の編みひもとかけひもで「掛け編み」をしながら「追いかけ編み」をする。

7 菱かがり

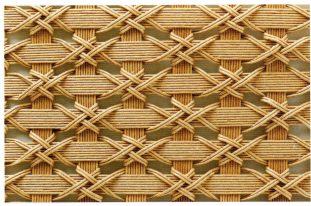

1段ごとに、1本の芯ひもに2本のかがりひもで1目おきに井桁（いげた）模様を作りながらかがっていく。芯ひもは編まずに、縦ひもの上にのせて、かがりひもでかがって固定する。芯ひもとかがりひもは1段ごとにひも端を貼り合わせる。2段目の井桁模様の位置は、1段目の井桁模様と互い違いにする。

9 ジグザグ編み

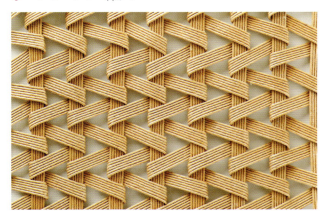

ジグザグ模様が特徴の編み方。縦ひもの根元に取りつけた編みひもで、2本の縦ひもを折り返しながらジグザグに編んでいく。編みひもの数は縦ひもの総数と同じだけ必要。

10 よろい編み

縦ひもの総数が偶数のとき、編みひも3本を同時進行で表2目、裏1目で三つ編みするように交差させながら編んでいく。編みひもが交差するので編み目が浮き出て、重厚な感じになる。縦ひもの総数が6の倍数のときに、編みひもを3色でよろい編みすると3色の縦じま模様ができる。

8 八の字かがり

1段ごとに、1本の芯ひもに1本のかがりひもで八の字を描くようにかがっていく。芯ひもは編まずに、縦ひもの上にのせて、かがりひもでかがって固定する。芯ひもとかがりひもは1段ごとにひも端を貼り合わせる。

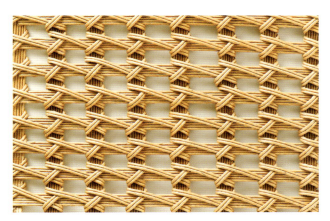

A 透かし模様
縦ひもの間隔があいている場合は、段を重ねると透かし模様になる。

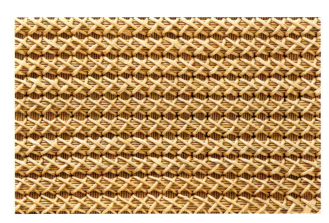

B 地模様
縦ひもの間隔を密にして1本幅のかがりひもでかがっていくと、緻密な地模様ができる。

11 松葉よろい編み

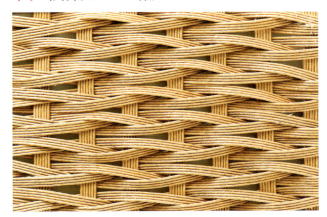

縦ひもの総数を奇数にしてよろい編みをすると、1段ごとに編み目が1目ずれ、根元がついて先が離れた松葉のような模様ができる。

12 もろこし編み

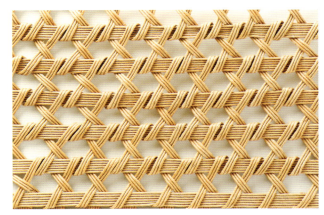

前段の芯ひもと次の段の芯ひもに2本の編みひもをそれぞれ上向き、下向きにかけては交差させていく編み方。小さな六角模様の空間が並び、とうもろこしの粒々のように見える。芯ひも、編みひもともに、長いままぐるぐると編み進める。「無地編み」と呼ばれることもある。

追いかけ編みと引き返し編みの
バッグ

基本の2つの編み方で編めるバッグです。側面の下部と上部の2カ所に引き返し編みを入れて、サイドをゆるやかに立ち上げました。編みひもをどんどんつないで編んでいくので、初心者にも編みやすい作品です。

作り方／35ページ
サイズ／底23cm×13.5cm、深さ20cm

あぜ編みと引き返し編みの
収納かご

シンプルなボックス型のかごは、側面を幅の違う2本のひもで追いかけ編みをしました。幅の違うひもの表目が縦じまになり、「あぜ」のように見えます。サイドの持ち手穴は、引き返し編みで作ります。

作り方／39ページ
サイズ／底 26cm×18cm、深さ 19cm

飛ばし編みの
テーブルバスケット　浅型・深型

飛ばし編みは、目の飛ばし方によって模様の出方が変わってきます。浅型は表2目、裏2目の飛ばし編み、深型は表3目、裏2目、表1目、裏2目の飛ばし編み。好みの模様と深さで作ってください。

作り方／43ページ
サイズ／浅型 底の直径19cm、深さ8.5cm
　　　　深型 底の直径19cm、深さ13cm

深型

浅型

飛ばし編みの
マルシェかご

表3目、裏2目、表1目、裏1目の飛ばし編みでぐるぐると編んでいきます。1段ごとに編み目がずれて、連続模様が生まれます。底が大きく、収納力もたっぷりあるかごなので、お買い物にも便利です。

作り方／47ページ
サイズ／底 30cm×21.5cm、深さ 17.5cm

波編みの丸底かご

編みひもで1目編んだら、1本のかけひもを上向きと下向きに交互にかけて編んでいくと、模様がつながって波のような模様に。編みひもとかけひもは、差のある2色を選ぶと模様がくっきりと浮かび上がります。

作り方／50ページ
サイズ／底の直径19cm、深さ20.5cm

A

掛け編みの
バッグ

編みひもで1目編んだら、2本のかけひもを交差させます。2段目以降は、前段と互い違いにクロス模様ができます。側面上部には引き返し編みを入れてカーブを作り、そこに円形の持ち手をつけました。

作り方／53ページ
サイズ／底 30.5cm×12.5cm、深さ 21cm

掛け編みの3色使いのバスケット

縦ひもにチョコレート、編みひもにモスグリーン、かけひもにグレーを使って3色で掛け編みをしたら、シックな雰囲気になりました。いろいろな色の組み合わせを試してみるのも楽しいですね。

作り方／58ページ
サイズ／底 29.5cm×17cm、深さ 15cm

菱かがりの小さなバッグ

1本の芯ひもに2本のかがりひもで井桁模様を作っていく編み方です。菱かがりの編み地を引き立てるために、側面の上下は追いかけ編みと引き返し編みでシンプルに仕上げました。グレーとさくらの2色を紹介。

作り方／61ページ
サイズ／底22cm×12.5cm、深さ17cm

A

菱かがりの収納かご

菱かがりの編み地は意外としっかり仕上がるので、収納かごにも向いています。長方形の収納かごは、マガジンラックやスリッパ入れなど、いろいろ使えて重宝です。

作り方／65ページ
サイズ／底 31cm×15cm、深さ 17.5cm

八の字かがりの
A4サイズのかご

側面に八の字かがりの透かし模様を入れたかごです。A4サイズの紙がぴったりと入るので、書類の整理に役立ちます。八の字かがりは2段だけなので時間もあまりかからず、初めての人もトライしやすいでしょう。

作り方／68ページ
サイズ／底31cm×22cm、深さ9cm

八の字かがりの地模様バッグ

八の字かがりを全面に入れたバッグです。縦ひもの間隔を密にしているので、目が詰まった地模様になります。仕上げるのに少し時間はかかりますが、完成したときの喜びはひとしおです。

作り方／71 ページ
サイズ／底 29cm×12.5cm、深さ 18.5cm

ジグザグ編みのかご
大・小

楕円底を作ったら先に縁の始末をして、底側に編みひもを斜めに差し込んでジグザグに折り返していく面白い編み方。同じ編み方で、色をかえて2サイズのかごを紹介しています。

作り方／75ページ
サイズ／大：底 29cm×22cm、深さ 11cm
　　　　小：底 15.5cm×13.5cm、深さ 11cm

よろい編みの大きなかご

3本の編みひもを三つ編みのように交差させながら編んでいく編み方です。規則的に編み目が浮き出た編み地が特徴で、大きめのバスケットにも向きます。ターコイズグリーンとグレーのツートンは子どものおもちゃ入れ、白はランドリーバスケットなどにいかがでしょう。

作り方／79ページ
サイズ／底 30cm×28.5cm、深さ 21cm

A

松葉よろい編みのバスケット

編み方はよろい編みと同じですが、縦ひもの本数を奇数にすると、2段目以降模様が前段と1目ずつずれて松葉のような模様になります。このバスケットは縦ひもを奇数にするため、途中で1本カットしてからよろい編みをしました。持ち手は倒せるタイプで、縁にぴったりとのるように仕上げています。

作り方／83ページ
サイズ／底 31cm×20cm、深さ14cm

松葉よろい編みの
丸底かご

松葉よろい編みは立体的な編み地が特徴なので、単色で編んでも味わいがあります。こはく色の丸底かごは、果物や野菜を入れるのにぴったりです。

作り方／86ページ
サイズ／底の直径19cm、深さ12.5cm

もろこし編みのかご
大・小

底を作ったら縦ひもを始末して、芯ひもに編みひもをかけて交差させて編んでいきます。小さな六角形模様が並んだ、とうもろこしの粒のような編み地が愛らしいかごです。

作り方／89ページ
サイズ／大：底31cm×21.5cm、深さ11cm
　　　　小：底24cm×20cm、深さ9cm

大　　　小

もろこし編みの
ショルダーバッグ

チョコレート色のひもでもろこし編みのバッグを作りました。途中、形が歪まないように、気をつけながら編んでいきます。透け感のあるバッグなので、内袋をつけると使い勝手がいいでしょう。

作り方／93ページ
サイズ／底31cm×8.5cm、深さ22.5cm

角底と楕円底の基礎

この本に共通する、角底と楕円底の作り方です。
実際に使用するひもは、各作品の「用意する幅と本数」を参照してください。

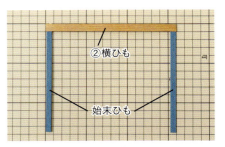

1 始末ひもを縦に並べ、②横ひも（短い方の横ひも）を上端に貼る。横ひもは始末ひもに対して直角に貼る。方眼紙や方眼マットを敷いたり、紙の角を利用するとよい。

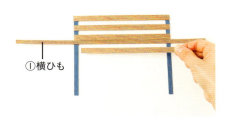

2 ①横ひも（長い方の横ひも）の幅分をあけながら、②横ひもを上から貼っていく。①横ひもを定規がわりに当てて、間隔を決めていくとよい。

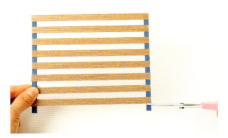

3 最後の②横ひもを貼ったときに始末ひもが余ったら、余分をカットする。

4 楕円底の場合は、四隅の角を斜めに少し切り落とす。角底の場合は、切り落とさない。

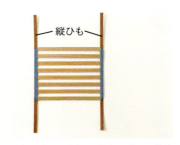

5 縦ひもを軽く半分に折って中央を決め、始末ひもと中央を合わせて両端にボンドで貼る。写真は裏側から見たところ。

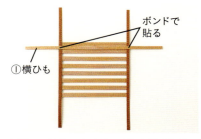

6 表側に、①横ひも（長い方）を軽く半分に折って中央を決め、②横ひも（中央に印をつけておく）の間に中央を合わせて貼っていく。

7 2本目からは、最初に貼った①横ひもとひも端をそろえて貼る。

8 残りの縦ひもを、横ひもに対して編み目が交互になるように入れる。縦ひもの長さが2種類あるときは、入れる順番に注意する。2本一緒に編み入れると作業が早い。

9 編み入れた縦ひもを左右に振り分ける。

10 必要本数の縦ひもを編み入れる。写真は最後の1本を入れているところ。ひもの間隔を均一にし、形を整える。

11 縦ひもを上下の横ひもに軽くボンドでとめる。余ったひもを刷毛がわりにしてボンドをつけるとやりやすい。

※立ち上げたときに、ひもが動かないようにするため。

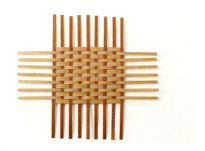

12 角底の場合はこれで完成。この面が表側（外側）になる。楕円底は13へ続く。

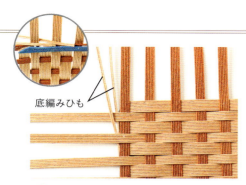

底編みひも

13 底編みひも2本を左側の①横ひもの1本目と2本目の下に貼る。ひもは横ひもの裏側に貼るのではなく、底の断面（厚みのところ）に貼る。

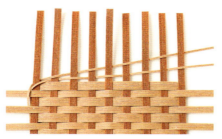

14 2本の編み目が互い違いになるように追いかけ編み（下参照）で編んでいく。

15 指定の周数編んだら、いったん底編みひもを休ませる。

※編みひも1本で1周と数えます。

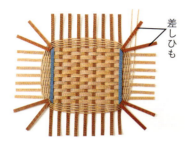

差しひも

16 裏側（始末ひもが貼ってある方）に返し、差しひもを2本ずつ四隅に斜めに貼りつける。

※差しひもは、縦ひもと横ひもとの間隔が均等になるように貼ります。

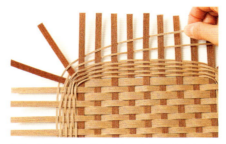

17 表側に戻し、休めておいた底編みひもで差しひもも一緒に追いかけ編みで編む。

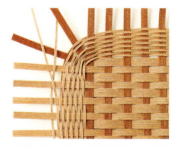

18 指定の周数編んだら、左横上（追いかけ編みの編み始め）からねじり編み（下参照）を編む。

19 ねじり編みを少し編んだところ。ねじり編みをすることで、編み目が浮くのを抑え、編み地が落ち着く。

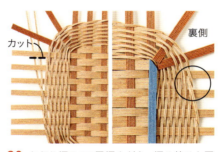

カット　　裏側

20 ねじり編みで1周編んだら、編み始めと同じ左横上で余分な編みひもをカットしてボンドで裏側にとめる。

※ねじり編みは、編みひも2本で1周と数えます。

21 楕円底が完成。この面が表側（外側）になる。

◎追いかけ編み

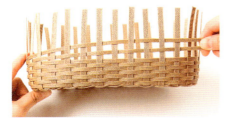

2本の編みひもの編み始めの位置をずらし、2本の編み目が互い違いになるように編む（P.4参照）。

◎ねじり編み

2本の編みひもを交互にかけていく編み方。下側にあるひもを隣の縦ひもに、よじれないように注意してかける。

3本なわ編みの基礎

3本の編みひもを順番に縦ひもにかけてなわ編みを編んでいきます。バッグやかごの縁によく使われます。

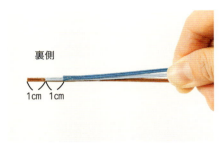

1 3本の編みひもの端を1cmずつずらしてボンドで重ねて貼る。

2 1の編みひもを指定の縦ひもの裏側にボンドで貼る。縦ひもの位置を1本ずつずらして、編みひもを手前に出す。

3 左のひも（マロン）をひもを出した位置から縦ひも2本とばして次の縦ひもにかける。

4 真ん中のひも（パステルブルー）をひもを出した位置から縦ひも2本とばして次の縦ひもにかける。このひもが一番上にくる。

5 右のひも（つゆ草）をひもを出した位置から縦ひも2本とばして次の縦ひもにかける。このひもが一番上にくる。

6 3本のひもを動かしたら、3で動かした最初のひも（マロン）を縦ひも2本とばして次の縦ひもにかける。

7 同様に3本のひもを順番に縦ひもにかけていく。かけるときに、ひもがねじれないように注意する。

※3本なわ編みは編みひもがからまりやすいので、編みひもが長いときは小さく束ねておき、1目編むごとにからまりをほどきながら編むようにします。

8 指定の段数（ここでは1段）編む。2で3本のひもを貼った縦ひもの1本左の縦ひもまで編む。

※3本なわ編みは3本で1段と数えます。

9 最後に縦ひもにかけたひも（パステルブルー）を縦ひも2本とばしてかごの内側に入れる。

10 次のひも（マロン）も縦ひも2本とばしてかごの内側に入れる。

11 最後のひも（つゆ草）も縦ひも2本とばしてかごの内側に入れる。

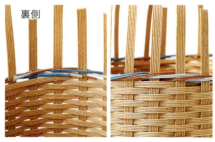

12 内側に入れた3本のひもを1cmずつずらしてカットし、ボンドで裏側に貼る。

※3本のひもを1cmずつずらして貼ることで、貼り始めと貼り終わりの裏側が厚くなるのを防ぎます。

縁かがりの基礎

簡単にかがれてしっかりと仕上がる方法です。ひもが長いとやりにくいので、何本かに分けてある場合があります。

1 縁かがりひもの先を3〜4cm出し、縁ひもを通す。スタート位置はどこでもよいが、正面と持ち手は避ける。

2 ひもを手前に倒してクロスさせ、右隣の縁ひもの下に表側から入れる。

3 2でできた斜めに渡っているひもの下に通す。

4 ひもをクロスさせ、右隣に表側から入れる。

5 4でできたクロスの下にひもを通す。ひもは1回ごとに引き締める。

6 4と5をくり返してかがる。途中ひもをつなぐ場合は、クロスの下に隠れるところで新しいひもとボンドで貼り合わせる。

7 スタート位置まで1周かがる。

8 1周したら、かがり始めのひもを輪が出てくるまでほどく。

9 かがり終わりのひもを右隣に表側から入れ、続けて始めの輪に下から通す。

10 左のクロスの下に通し、もう一度かがり始めの輪に、今度は上から下に入れる。

11 ひもを引き締め、縁ひもの下に表側から入れて裏側に出す。

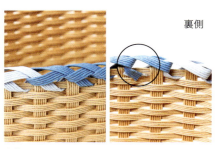

裏側

12 かがり始めと終わりのひもをしっかりと引き締め、それぞれ1cmずつ残してカットする。かがり始めと終わりのひもをつなげるようにボンドで貼り合わせる。

材料・用具と扱い方

エコクラフト®

ハマナカエコクラフト®は、牛乳パックなどから作られた手芸用の紙バンド。柔軟性があり、手軽に切ったり、割いたり、貼ったりできるのが特徴です。
エコクラフトは細い「こより」が12本集まって束になっています。この状態を「12本幅」と呼びます。各作品の「用意する幅と本数」と「裁ち方」の図を参照して、必要な幅と長さに切って使います。
またエコクラフトには［5m巻］と［30m巻］の2種類があります。必要な長さに合わせて使い分けましょう。

エコクラフト
［5m巻］

エコクラフト
［30m巻］

エコクラフト実物大

※エコクラフトのことを作り方解説では「ひも」と呼んでいます。
※この本では1色の使用量が15m未満のときは［5m巻］、15m以上のときは［30m巻］で表示しています。

用具　　　　　　　　（　）内は商品番号

- **ハマナカクラフトハサミ**（H420-001）

グリップの大きな手芸用が便利

- **ハマナカ手芸用クラフトボンド**（H464-003）

乾くと透明になり、接着力が強いものを選ぶ

- **洗濯バサミ**

編みひもを押さえたり、貼り合わせたりするのに10個くらいは必要

- **荷造り用PPバンド**

エコクラフトを割くときに使う。割いているうちに消耗するので何枚か用意する

- **メジャーと定規**

ひもをカットしたり、長さを測るときに必要

- **目打ち**

ひもを編み目に差し込むときなど細かい作業に

- **ペンチ**

編みひもを引っ張るときなどにあると便利

- **ぬれぶきん**

ボンドで手が汚れるので手元に用意しておくとよい

基本的な扱い方

エコクラフトを割く

ひも端に2cmくらい切り込みを入れてPPバンドを垂直に入れ、ひもを手前に引っ張ります。

編みひもの貼り始め

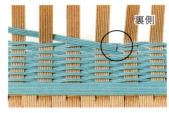

側面の編みひもは縦ひもの裏側に垂直に貼るのではなく、ひもの先2〜3cmくらいにボンドをつけ、裏側に斜めに貼りつけます。

編みひもは束ねる

長い編みひもは、編んでいるときに邪魔にならないように、洗濯バサミで束ねたまま編んでいきます。持ち手の巻きひもなども束ねたまま巻きます。

ひもを束ねる

カットしたひもは番号別に束ねておきます。マスキングテープやビニールタイなどを利用すると便利です。

洗濯バサミで押さえる

側面を編むときは、ところどころ編みひもと縦ひもを洗濯バサミで押さえながら編み、編みひもが浮いたり、ずれるのを防ぎます。特に四隅の角は縦ひもと編みひもが垂直になるようにとめます。

編みひもをつなぐ

編みひもが何本かに分かれているときは、なくなったところで次の編みひもと貼り合わせます。このとき、ひものつなぎ目が縦ひもの裏側に隠れるようにします。

追いかけ編みと引き返し編みのバッグ | Photo 8ページ

- ◎**材料**　ハマナカエコクラフト
  - [30m巻] こはく (132) 1巻
  - [5m巻] サンド (13) 1巻
- ◎**用具**　34ページ参照
- ◎**でき上がり寸法**　写真参照
- ◎**用意する幅と本数** (裁ち方図参照)
  - 指定以外はこはく

①横ひも	6本幅	70cm×3本	
②横ひも	8本幅	16cm×4本	
③縦ひも	6本幅	55cm×7本	
④縦ひも	6本幅	62cm×2本	
⑤始末ひも	6本幅	7cm×2本	
⑥底編みひも	2本幅	450cm×2本	
⑦差しひも	6本幅	26cm×8本	
⑧編みひも	3本幅	310cm×2本	
⑨編みひも	2本幅	115cm×4本	サンド
⑩編みひも	2本幅	755cm×4本	
⑪編みひも	3本幅	340cm×2本	
⑫編みひも	1本幅	170cm×6本	
⑬持ち手つけ補強	6本幅	9cm×4本	
⑭持ち手ひも	9本幅	125cm×2本	
⑮巻きひも	2本幅	400cm×2本	

裁ち方
こはく [30m巻]

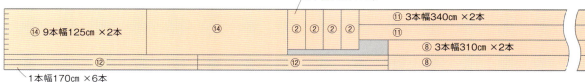

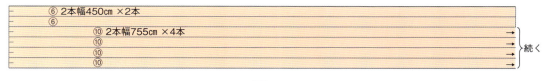

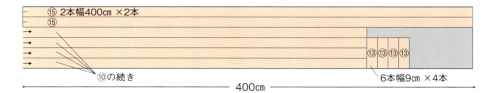

サンド [5m巻]

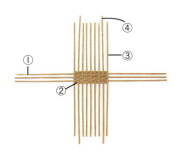
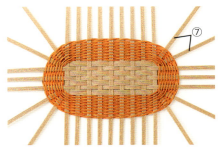

1　P.30を参照し、①、②横ひも、③、④縦ひも（両端から2本目が④縦ひも）、⑤始末ひもで角底を作るが、四隅の角を少し切り落としておく。

2　⑥底編みひも2本で追いかけ編みを8周編んだらひもを休め、⑦差しひもを裏側に貼る。休めておいた⑥底編みひもで続けて追いかけ編みを6周、ねじり編みを1周編んでボンドでとめる。

3　裏返し、底から出ているひもをすべて内側に折り曲げて立ち上げる。以降、立ち上げたひもをすべて縦ひもとする。

4　⑧編みひも1本を左横中央の縦ひもの裏側にボンドで貼る。

5　右横まで半周編んだら、もう1本の⑧編みひもを右横中央の1本左の縦ひもの裏側に貼る。

6　スタート位置を半周ずらして2本の編み目が交互になるように追いかけ編みを編む。

7　追いかけ編みで6段編んだら、それぞれ編み始めの位置で終わりにし、⑧編みひもを休めておく。

8　1本目の左横の⑧編みひもを前側中央の2本手前の縦ひもまで編み進め、引き返す。右横の⑧編みひもは休めておく。

9　反対側（後ろ側）の中央の2本手前の縦ひもまで編んだら、引き返す。

10　以降、両側で2本ずつ手前で引き返し、計6段（折り返し3回）編む。

11　休めておいた2本目の⑧編みひもを後ろ側中央の2本手前の縦ひもまで編んだら引き返し、前側中央の2本手前まで編んで引き返す。

12　同様に縦ひもを2本ずつ手前で引き返し、計6段（折り返し3回）編む。

13 左横の⑧編みひもの余分をカットし、⑨編みひも1本と左横中央の縦ひもの裏側でつなぐ。

14 ⑨編みひもで右横まで半周編んだら、右横の⑧編みひもを別の⑨編みひも1本と右横中央の1本右の縦ひもの裏側でつなぐ。

15 ⑨編みひもで追いかけ編みを3段編み、それぞれ編み始めの位置で終わりにする。

16 左横の⑨編みひもの余分をカットし、⑩編みひも1本と左横中央の1本左の縦ひもの裏側でつなぐ。

17 右横まで半周編んだら、右横の⑨編みひもを別の⑩編みひも1本と右横中央の縦ひもの裏側でつなぐ。

18 ⑩編みひもで入れ口に向かってやや広がるように追いかけ編みを41段編み、それぞれ編み始めの位置で終わりにする。途中ひもがなくなったら、つぎ足して編む。

19 ⑩編みひもの余分をカットし、⑨編みひもとそれぞれつないで3段編む。つなぐ位置は、左側は13、右側は14と同じ。

20 3段編んだら左横の⑨編みひもの余分をカットし、⑪編みひも1本と左横中央の1本左の縦ひもの裏側でつなぐ。

21 右横まで半周編んだら、右横の⑨編みひもを別の⑪編みひも1本と右横中央の縦ひもの裏側でつなぐ。

22 ⑪編みひもで追いかけ編みを6段編み、それぞれ編み始めの位置で終わりにする。

23 続けて⑪編みひもで8〜12と同様に引き返し編みを6段（折り返し3回）編む。編み終わりはひもの余分をカットし、ボンドで内側にとめる。

24 ⑫編みひも6本をひとまとめにして半分に折り、折り山を左横中央の縦ひもにかける。

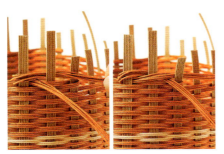

25 まず手前側のひもを右隣の縦ひもにかけたら、下側のひもを交互に右隣の縦ひもにかけていく（＝**ねじり編み**）。

26 ねじり編みで少し編んだところ。

27 編み始めのところまで1周編んだら、⑫編みひもの余分をカットし、裏側でひもをそろえて編み始めに重ねて貼る。

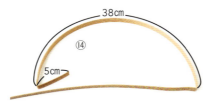

28 側面の編み目を詰めてから、持ち手つけ位置（④縦ひも）以外の残った縦ひもをすべて内側に折り、折り曲げた縦ひもの根元にボンドをつけ、側面の編み目に差し込む。

29 持ち手を作る。⑭持ち手ひもの端を内側に5cm折り、折り目から38cmのところをさらに内側に折る。

30 残りのひもを下側に沿わせ、持ち手の形にしながら左端まできたら上側に沿わせ、右端まできたら残り部分を内側に折る。

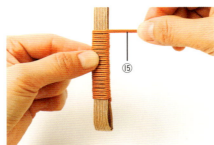

31 両端にループ分を残し、持ち手の形を作りながらボンドで貼り合わせる。3重の持ち手になる。ループはあとで縦ひもを通すので、つぶれている場合はペンなどを使って穴を広げておく。

32 ⑮巻きひもの端を⑭持ち手ひもの間に入れてボンドでとめ、ループ部分を残してすき間なく巻く（P.67参照）。

33 もう1本の持ち手も同様に作る。

34 ⑬持ち手つけ補強にボンドをつけて④縦ひもの裏側に差し込み（上の⑨編みひものところまで）、内側に曲げながら貼り合わせて2重にする。

35 持ち手のループを④縦ひもに通し、④縦ひも裏側の⑬持ち手つけ補強にボンドをつけて内側の編み目に差し込む。反対側の持ち手も同様にする。

36 でき上がり。

あぜ編みと引き返し編みの収納かご | Photo 9ページ

- ◎ **材料** ハマナカエコクラフト [30m巻] ベージュ(101) 1巻
- ◎ **用具** 34ページ参照
- ◎ **でき上がり寸法** 写真参照
- ◎ **用意する幅と本数**（裁ち方図参照）

①横ひも	12本幅	66cm×7本	
②横ひも	8本幅	26cm×8本	
③縦ひも	12本幅	58cm×9本	
④始末ひも	12本幅	19cm×2本	
⑤編みひも	12本幅	94cm×3本	
⑥編みひも	2本幅	560cm×2本	
⑦編みひも	2本幅	550cm×2本	
⑧編みひも	4本幅	1010cm×1本	
⑨編みひも	2本幅	94cm×2本	
⑩編みひも	2本幅	340cm×2本	
⑪縁ひも	12本幅	90cm×2本	
⑫縁補強ひも	12本幅	9cm×2本	
⑬縁補強ひも	2本幅	75cm×1本	
⑭巻きひも	2本幅	140cm×2本	

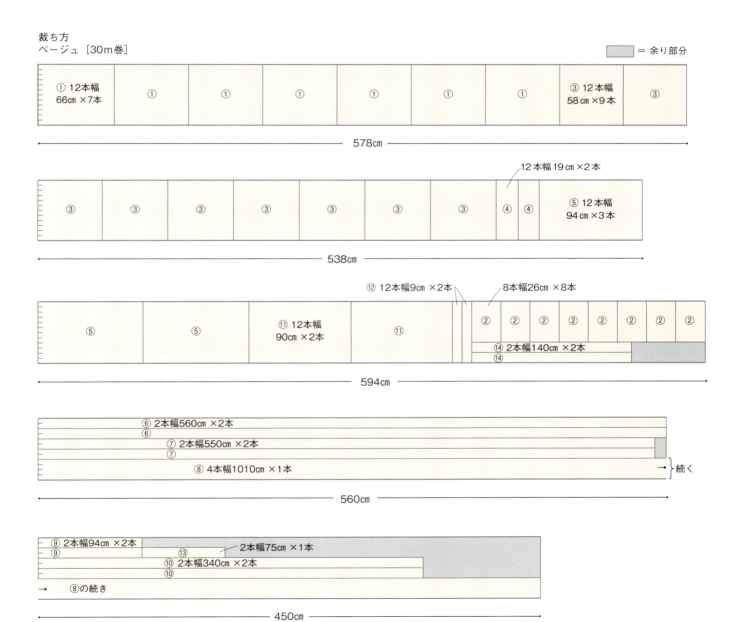

裁ち方 ベージュ[30m巻]

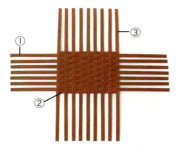

1　P.30を参照し、①、②横ひも、③縦ひも、④始末ひもで角底を作る。

左横

2　裏返し、底から出ているひもをすべて内側に折り曲げて立ち上げる。以降、立ち上げたひもをすべて縦ひもとする。

3　⑤編みひも1本を左横の左端の縦ひもの裏側に洗濯バサミでとめ（ボンドではとめない）、縦ひもに対して交互になるように1段編む。

4　編み終わりは、編み始めの1本右隣の縦ひもの前で（ひもの余分があればカットする）、編み始めと重ねてボンドで貼り合わせる。

POINT

4の位置でカットして貼り合わせると、編みひものつなぎ目が表側からも裏側からも見えないので、仕上がりがきれいです。

左横中央

5　⑥編みひも2本を左横中央とその1本左隣の縦ひもの裏側にボンドで貼る。2本の編み目が交互になるように追いかけ編みを編む。

6　1周したら（1、2段目が編めたら）、そのまま続けて3、4段目を編む。

11段

7　追いかけ編みで11段編んだら、ひもの余分をカットする。
※奇数段なので、2本目の⑥編みひもは1周分余ります。

8　段差が目立たないように、ボンドで斜めに裏側にとめる。

9　⑤編みひも1本を左横の左端の縦ひもの裏側に洗濯バサミでとめ（ボンドではとめない）、縦ひもに対して交互になるように1段編む。

10　編み終わりは、編み始めと重ねてボンドで貼り合わせる。

11　⑦編みひもを左横中央の縦ひも、⑧編みひもをその1本左隣の縦ひもの裏側にボンドで貼る。

12 2本の編み目が交互になるように追いかけ編みを編む。

13 追いかけ編みで23段（⑦編みひもで12段、⑧編みひもで11段）編む。途中⑦編みひもがなくなったら、つぎ足して編む。編み終わりはひもの余分をカットして、ボンドで裏側にとめる。

14 残りの⑤編みひもを左横の左端の縦ひもの裏側に洗濯バサミでとめ、1段編む。編み終わりは編み始めと重ねてボンドで貼り合わせる。

15 ⑨編みひも1本を前段と縦ひも1本ずらしたところに洗濯バサミでとめ、1段編む。編み終わりは編み始めと重ねてボンドで貼り合わせる。

16 残りの⑨編みひもで同様にもう1段（計2段）編む。

17 左右の中央の縦ひもとその両隣の縦ひも計3本を、内側、外側、内側の順に折る。

18 折り山から2cm残してカットし、折り曲げた縦ひもの根元にボンドをつけ、編み目に差し込む。

19 差し込んだ3本の縦ひもの両隣の縦ひも（左右の端から2本目）と⑨編みひも、その下の⑤編みひもの間にボンドを入れて固定する。余ったひもを刷毛がわりにしてボンドを入れるとよい。

※このあと引き返し編みをしたときに、縦ひもが引っ張られないようするため。

20 左側の端から2本目の縦ひもの裏側に⑩編みひもを1本貼り、交互に編む。

21 反対側の端から2本目の縦ひもまで編み進んだら、引き返す。

22 同様に端から2本目の縦ひもで引き返しながら計8段（＝折り返し4回）編む。ひもの余分をカットし、ボンドで裏側にとめる。

23 もう1本の⑩編みひもを反対側の端から2本目の縦ひもの裏側に貼る。

24 同様に引き返しながら計8段（＝折り返し4回）編み、ボンドで裏側にとめる。

25 側面の編み目を詰めてから、残った縦ひもを9mm残して切りそろえる。余ったひもを9mmにカットし、定規がわりに当てるとよい。

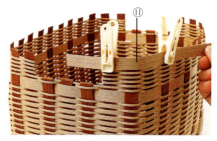

26 切りそろえた縦ひもにボンドをつけ、⑪縁ひもを左横中央の表側から1周貼る。⑪縁ひもは左横中央の上部の位置まで出して貼り始める。

27 1周したら、貼り始めのひも端と突き合わせになるように印をつけてカットする。

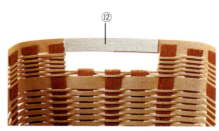

28 ⑫縁補強ひもにボンドをつけ、左横中央の⑪縁ひもの裏側に貼る。反対側の同じ位置にも⑫縁補強ひもを貼る。

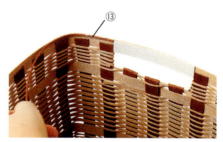

29 ⑬縁補強ひもにボンドをつけ、⑫縁補強ひもの横から⑪縁ひもの上端に合わせて裏側に半周貼る。

30 反対側の⑫縁補強ひものところまできたら、ひもの余分をカットする。残った⑬縁補強ひもで反対側も半周貼る。

31 四隅の角を出すように手で押して、形を整える。

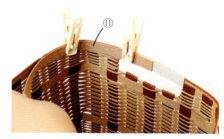

32 もう1本の⑪縁ひもにボンドをつけ、右横中央から⑬縁補強ひもの上端に合わせて裏側に1周貼る。

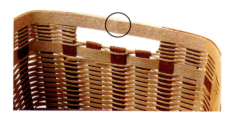

33 最後はひもの余分をカットして突き合わせにする。

34 ⑭巻きひもの端を持ち手の裏側にボンドでとめ、持ち手部分をすき間なく巻く（P.67参照）。

35 反対側も同様に巻く。でき上がり。

飛ばし編みのテーブルバスケット 浅型・深型 | Photo 10 ページ

浅型

深型

◎**材料** ハマナカエコクラフト
浅型［5m巻］マロン（14）2巻
深型［5m巻］モスグリーン（12）3巻
◎**用具** 34ページ参照
◎**でき上がり寸法** 写真参照
◎**用意する幅と本数**（裁ち方図参照）

			浅型	深型
①井桁ひも	12本幅	40cm×4本	48cm×4本
②井桁ひも	8本幅	40cm×4本	48cm×4本

		浅型	深型
③底編みひも	2本幅	290cm×3本	364cm×3本
		280cm×1本	58cm×1本
④編みひも	4本幅	210cm×2本	500cm×3本
		490cm×1本	
⑤縁ひも	12本幅	66cm×2本	68cm×2本
⑥縁補強ひも	3本幅	65cm×1本	68cm×1本
⑦持ち手ひも	6本幅	38cm×2本	74cm×2本
⑧巻きひも	2本幅	100cm×2本	220cm×1本
⑨持ち手補強ひも	12本幅	（深型のみ）	13cm×1本

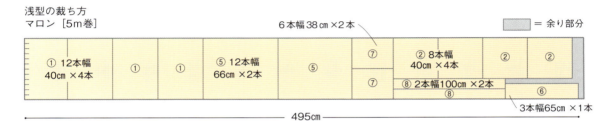

43

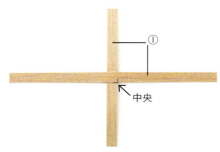

1 ①井桁ひも4本の中央に印をつける。①井桁ひも2本の印どうしを合わせて直角になるように気をつけてボンドで十字に貼る。

2 1の十字ひもに、もう1本の①井桁ひもの中央を合わせて右隣に貼る。

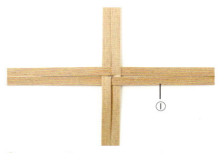

3 もう1本の①井桁ひもの中央を合わせ、井桁になるように下側に貼る。ひもにつけた印が4本とも中央に集まる。

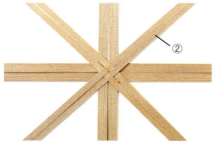

4 ②井桁ひも4本で同様にもう1組井桁を作り、中心を合わせて3の上に角度が均等になるように放射状に貼る。ひもは中心だけでなく、斜めに重なっているところもボンドで貼る。

5 ①井桁ひもを3等分、②井桁ひもを半分に割いて、全て4本幅にする。

6 全部割いたところ。

7 裏返し、①井桁ひもの1本を切り落とし、全部で39本にする。

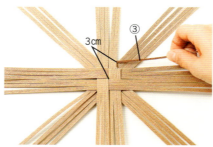

8 ③底編みひもをカットした①井桁ひもの隣のひもの裏側（中心から3cmのところ）に貼り、編みひもが井桁ひもに対して表2目、裏2目になるように編んでいく。

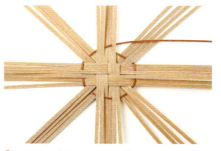

9 1周目は半径3cmの円を作るようにして編み、形を整える。

10 2周目からは、前の周の編みひもとの間にすき間ができないように中心方向に目を詰めながら編む。

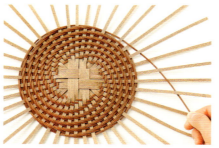

11 井桁ひもを徐々に放射状に広げて間隔が均等になるようにしながら③底編みひもで22周編んだら、今度は表1目、裏1目で編んでいく。途中ひもがなくなったら、つぎ足して編む。

12 表1目、裏1目で5周編んだら、ひもの余分をカットしてボンドで裏側にとめる。この面が表側（底の外側）になる。

13 裏返し、底から出ているひもをすべて内側に折り曲げて立ち上げる。以降、立ち上げたひもをすべて縦ひもとする。

14 浅型の作り方。④編みひもを③底編みひもの編み終わりに続けるようにボンドで貼り、縦ひもに対して表2目、裏2目のとばし編みで編んでいく（P.4飛ばし編みAの模様）。深型はP.46の**28**へ。

15 少し編んだところ。模様が1段ごとに1目ずつずれていく。

16 とばし編みで14段編む。途中ひもがなくなったら、つぎ足して編む。ひもの余分をカットし、ボンドで裏側にとめる。

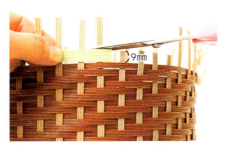

17 残った縦ひもを9mm残して切りそろえる。余ったひもを9mmにカットし、定規がわりにするとよい。

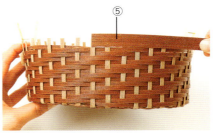

18 切りそろえた縦ひもにボンドをつけ、⑤縁ひもを表側から1周貼る。

19 貼り終わりは縦ひもと縦ひもの間になるようにし、ひもが余った場合は1cm重なるように余分をカットしてボンドで貼り合わせる。

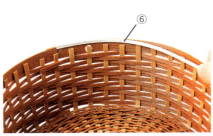

20 ⑥縁補強ひもにボンドをつけ、⑤縁ひもの上端に合わせて裏側に1周貼る。最後は突き合わせにする。

21 もう1本の⑤縁ひもにボンドをつけ、⑥縁補強ひもの上端に合わせて裏側に貼る。最後は1cm重ねて貼り合わせ、ひも端を外側のひも端の位置とそろえる。

22 ⑦持ち手ひもは両端から11.5cmのところでそれぞれ内側に折る。

23 ⑦持ち手ひもをいったん伸ばし、かごの外側から⑤縁ひもの下に折り目のところまで差し込むが、⑤縁ひもの貼り終わりのつなぎ目を隠す位置になるように差し込む。

24 もう1本の⑦持ち手ひもを向かい側に同様に差し込んで洗濯バサミで仮止めし、2本の持ち手の位置を調整する。

※持ち手から持ち手の縦ひもの本数は同じにはなりません。14本の方は持ち手を内側に寄せ、15本の方は外側に寄せて間隔を近づけます。

45

25 ⑦持ち手ひもを持ち手の形にし、ボンドで貼り合わせて3重の持ち手にする。

26 ⑧巻きひもの端を⑦持ち手ひもの間に入れてボンドでとめ、すき間なく巻く（P.67参照）。

27 反対側も同様に巻く。でき上がり。

28 深型の作り方。④編みひもを③底編みひもの編み終わりに続けるようにボンドで貼り、縦ひもに対して表3目、裏2目、表1目、裏2目のとばし編みで編んでいく（P.4飛ばし編みBの模様）。

29 少し編んだところ。模様が1段ごとに1目ずつずれていく。入れ口に向かってやや広がるように編む。

30 とばし編みで23段編んだら、ひもの余分をカットして、ボンドで裏側にとめる。浅型の**17**～**21**と同様に縁の始末をする。

31 ⑦持ち手ひもの中央に印をつけ、両端が中央で突き合わせになるように折る。

32 ⑦持ち手ひもをいったん伸ばし、かごの外側から向かい側に渡すように差し込むが、⑤縁ひもの貼り終わりのつなぎ目を隠す位置になるように差し込む。縦ひも1本分あけてもう1本の⑦持ち手ひもも同様に差し込む。

33 ⑦持ち手ひもを持ち手の形にし、ボンドで貼り合わせてそれぞれ2重の持ち手にする。

34 ⑦持ち手ひも2本の中央をくっつけ、ボンドをつけた⑨持ち手補強ひもを裏側に貼る。

35 ⑧巻きひもの端を⑨持ち手補強ひもの裏側にボンドでとめ、⑨持ち手補強ひもを貼った中央部分をすき間なく巻く（P.67参照）。

36 でき上がり。

飛ばし編みのマルシェかご | Photo 11 ページ

- ◎材料　ハマナカエコクラフト
  ［30m巻］あいいろ（122）1巻
- ◎用具　34ページ参照
- ◎でき上がり寸法　写真参照
- ◎用意する幅と本数（裁ち方図参照）

①横ひも	6本幅	72cm × 7本
②横ひも	10本幅	23cm × 8本
③縦ひも	6本幅	62cm × 11本
④縦ひも	6本幅	72cm × 2本
⑤始末ひも	6本幅	15cm × 2本
⑥底編みひも	2本幅	610cm × 2本
⑦差しひも	6本幅	24cm × 8本
⑧編みひも	4本幅	1555cm × 2本
		250cm × 1本
⑨縁ひも	4本幅	95cm × 1本
⑩縁かがりひも	5本幅	220cm × 2本
⑪持ち手つけ補強	6本幅	14cm × 4本
⑫持ち手ひも	10本幅	35cm × 4本
⑬持ち手ループ	4本幅	20cm × 8本
⑭持ち手補強ひも	10本幅	20cm × 2本
⑮巻きひも	2本幅	440cm × 2本

裁ち方
あいいろ［30m巻］

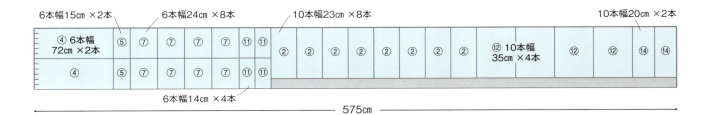

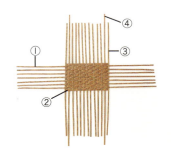
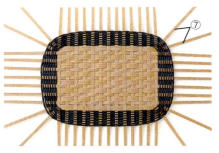

1 P.30を参照し、①、②横ひも、③、④縦ひも（両端から2本目が④縦ひも）、⑤始末ひもで角底を作るが、四隅の角を少し切り落としておく。

2 ⑥底編みひも2本で追いかけ編みを8周編んだらひもを休め、⑦差しひもを裏側に貼る。休めておいた⑥底編みひもで続けて追いかけ編みを4周、ねじり編みを1周編んでボンドでとめる。

3 裏返し、底から出ているひもをすべて内側に折り曲げて立ち上げる。以降、立ち上げたひもをすべて縦ひもとする。

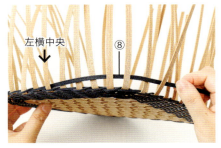

4 ⑧編みひも1本を左横中央の縦ひもの裏側にボンドで貼り、縦ひもに対して表3目、裏2目、表1目、裏1目のとばし編みで編んでいく（P.5飛ばし編みCの模様）。

5 少し編んだところ。模様が1段ごとに1目ずつずれていく。

6 とばし編みで36段編む。途中ひもがなくなったら、つぎ足して編む。編み終わりはひもの余分をカットし、ボンドで裏側にとめる。

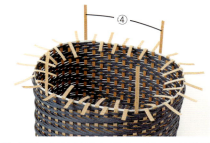

7 ⑨縁ひもを左横中央の縦ひもの裏側にボンドで貼り、縦ひもに対して交互になるように1段編む。

8 編み終わりはひもの余分をカットし、編み始めと重ねてボンドで貼り合わせる。

9 側面の編み目を詰めてから、持ち手つけ位置（④縦ひも）以外の残った縦ひもを最終段の編み目をくるむように内側、外側交互に折る。

10 折り曲げた縦ひもの根元にボンドをつけ、編み目に差し込む。表側は差し込んだときにひも端が編み目から出ないように、隠れる長さにカットしてから差し込む。

11 P.33を参照し、⑩縁かがりひもで縁かがりをする。持ち手を避けてスタートし、持ち手のところまできたら、右隣に手前からひもを入れる。

12 左にできたクロスの下を通し、ひもを向こう側から持ち手をくるむようにまわし、右隣に手前から入れる。

13 左にできたクロスの下にひもを通し、続けて縁かがりをする。

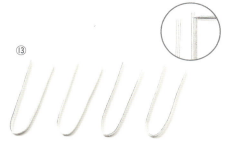

14 持ち手を作る。⑬持ち手ループ2本をU字に曲げながら2本を貼り合わせる。内側のはみ出しているひもはカットする。全部で4個作る。

15 ⑫持ち手ひも2本を重ねて持ち手の形に曲げ、内側のはみ出しているひもをカットする。ボンドではまだ貼らない。

16 U字にした⑬持ち手ループの端から8cmのところに印をつけ、内側の⑫持ち手ひも（**15**でカットした方のひも）の両端に印のところまで貼る。

17 ⑭持ち手補強ひもを⑫持ち手ひもの中央部に貼る。⑭持ち手補強ひもが長ければカットし、U字の⑬持ち手ループと突き合わせにする。

18 もう1本の⑫持ち手ひもを上に貼り、3重にする。

19 ⑮巻きひもの端を⑫持ち手ひもの裏側にボンドでとめ、すき間なく巻く（P.67参照）。

20 もう1本の持ち手も同様に作る。ループはあとで縦ひもを通すので、つぶれている場合はペンなどを使って穴を広げておく。

21 ⑪持ち手つけ補強にボンドをつけて④縦ひもの裏側に3〜4cm差し込み、内側に曲げながら貼り合わせて2重にする。

22 持ち手のループを④縦ひもに通す。

23 ④縦ひもの裏側の⑪持ち手つけ補強にボンドをつけ、内側の編み目に差し込む。

24 反対側の持ち手も同様に差し込む。でき上がり。

波編みの丸底かご　Photo 12-13 ページ

◎**材料**　ハマナカエコクラフト
　A［5m巻］グレー（20）3巻　あいいろ（22）1巻
　B［5m巻］あいいろ（22）3巻　白（2）1巻
◎**用具**　34ページ参照
◎**でき上がり寸法**　写真参照
◎**用意する幅と本数**（裁ち方図参照）
　指定以外はAグレー、Bあいいろ

①井桁ひも	12本幅	70cm×4本
②井桁ひも	8本幅	70cm×4本
③底編みひも	2本幅	500cm×2本
		150cm×1本

④編みひも	2本幅	200cm×3本	Aあいいろ／B白
⑤編みひも	5本幅	430cm×2本	
		240cm×1本	
⑥かけひも	2本幅	500cm×2本	Aあいいろ／B白
		180cm×1本	Aあいいろ／B白
⑦編みひも	2本幅	150cm×3本	Aあいいろ／B白
⑧編みひも	2本幅	410cm×1本	
		500cm×1本	
⑨縁ひも	4本幅	70cm×1本	
⑩縁かがりひも	4本幅	250cm×1本	
		90cm×1本	

裁ち方
Aグレー、Bあいいろ［5m巻］

☐ = 余り部分

①12本幅 70cm×4本　①　①　①　②8本幅 70cm×4本　②　②
⑨4本幅 70cm×1本　③2本幅 150cm×1本
─ 500cm ─

②　⑤5本幅 430cm×2本
　⑤
③2本幅 500cm×1本
─ 500cm ─

⑤5本幅 240cm×1本　⑩4本幅 250cm×1本
⑧2本幅 410cm×1本　⑩4本幅 90cm×1本
⑧2本幅 500cm×1本
③2本幅 500cm×1本
─ 500cm ─

Aあいいろ、B白［5m巻］

④2本幅 200cm×3本　⑦2本幅 150cm×3本
④　⑦
④　⑦
⑥2本幅 180cm×1本
⑥2本幅 500cm×2本
─ 500cm ─

1 P.44の1〜12と同様に、①、②井桁ひも、③底編みひもで丸底を作る。

2 裏返し、底から出ているひもをすべて内側に折り曲げて立ち上げる。以降、立ち上げたひもをすべて縦ひもとする。

3 P.32を参照して④編みひも3本を、③底編みひもの編み終わりに続けるように縦ひもの裏側にボンドで貼り、縦ひも1本分ずつずらして出す。

4 3本なわ編みで3段編む。編み終わりはひもの余分をカットし、ボンドで裏側にとめる。

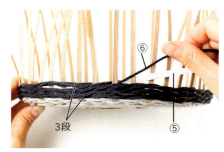

5 ④編みひもの編み終わりに続けるように、⑤編みひも、⑥かけひもを1本ずつ縦ひもの裏側にボンドで貼る。このとき⑥かけひもは右斜め上になるように貼り、縦ひもの表側に出す。

6 ⑥かけひもを隣の縦ひもにかける。

7 ⑤編みひもを隣の縦ひもにかけて1目編む。

8 ⑥かけひもを隣の縦ひもの上にのせ、⑤編みひもの下をくぐらせて隣の縦ひもにかける。

9 ⑤編みひもで1目編む。

10 ⑥かけひもを隣の縦ひもの上にのせ、さらに隣の縦ひもにかける。

11 ⑤編みひもで1目編み、⑥かけひもを隣の縦ひもの上にのせて、⑤編みひもの下をくぐらせて隣の縦ひもにかける。

12 9〜11をくり返して編む（=**波編み**）。写真は2段めを編んでいるところ。

13 波編みで16段編む。途中ひもがなくなったら、つぎ足して編む。

14 編み終わりはひもの余分をカットし、ボンドで内側にとめる。

15 ⑦編みひも3本を、⑤編みひも、⑥かけひも編み終わりに続けるように縦ひもの裏側に貼り、縦ひも1本分ずつずらして出す。

16 3本なわ編みで2段編む。編み終わりはひもの余分をカットし、ボンドで裏側にとめる。

17 ⑦編みひもの編み終わりに続けるように、⑧編みひも1本を縦ひもの裏側に貼り、1目ずつ交互になるように編む。

18 途中ひもがなくなったら、つぎ足して編む。13段編んだら、編み終わりはひもの余分をカットしてボンドで裏側にとめる。

19 ⑨縁ひもを縦ひもの裏側にボンドで貼り、縦ひもに対して交互になるように1段編む。

※縦ひもが奇数なので、交互にならないところが1カ所あります。

20 編み終わりは編み始めと重ねてボンドで貼り合わせる。

21 側面の編み目を詰めてから、残った縦ひもを最終段の編み目をくるむように内側、外側に交互に折る。

※内外が交互にならないところが1カ所あります。

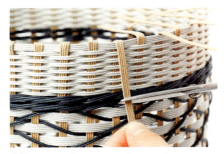

22 折り曲げた縦ひもの根元にボンドをつけ、編み目に差し込む。表側は差し込んだときにひも端が3本なわ編みのところに隠れるようにカットしてから差し込む。

23 P.33を参照し、⑩縁かがりひもで縁かがりをする。

24 でき上がり。

掛け編みのバッグ | Photo 14 ページ

- ◎ **材料** ハマナカエコクラフト
  - [30m巻] モスグリーン (112) 1巻
  - [5m巻] クリーム (10) 1巻
- ◎ **用具** 34ページ参照
- ◎ **でき上がり寸法** 写真参照
- ◎ **用意する幅と本数** (裁ち方図参照)
  指定以外はモスグリーン

① 横ひも	6本幅	78cm × 3本	
② 横ひも	8本幅	24cm × 4本	
③ 縦ひも	6本幅	58cm × 13本	
④ 始末ひも	6本幅	7cm × 2本	
⑤ 底編みひも	2本幅	500cm × 2本	
⑥ 差しひも	6本幅	27cm × 8本	
⑦ 編みひも	5本幅	600cm × 2本	
⑧ かけひも	1本幅	300cm × 8本	クリーム
⑨ 編みひも	3本幅	800cm × 2本	
⑩ 編みひも	2本幅	180cm × 3本	
⑪ 持ち手ひも	5本幅	400cm × 2本	
⑫ 持ち手飾りひも	1本幅	34cm × 4本	クリーム
⑬ 巻きひも	2本幅	630cm × 2本	
⑭ リングひも	5本幅	14cm × 4本	

裁ち方
モスグリーン [30m巻]

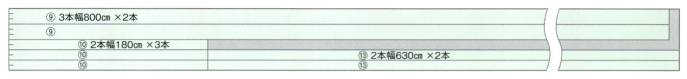

クリーム [5m巻]

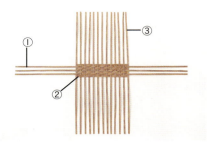

1 P.30を参照し、①、②横ひも、③縦ひも、④始末ひもで角底を作るが、四隅の角を少し切り落としておく。

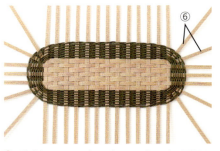

2 ⑤底編みひも2本で追いかけ編みを8周編んだらひもを休め、⑥差しひもを裏側に貼る。休めておいた⑤底編みひもで続けて追いかけ編みを4周、ねじり編みを1周編んでボンドでとめる。

3 裏返し、底から出ているひもをすべて内側に折り曲げて立ち上げる。以降、立ち上げたひもをすべて縦ひもとする。

4 ⑦編みひも1本を左横中央の縦ひもの裏側にボンドで貼る。⑧かけひもをその1本左隣の縦ひもに、⑦編みひもの上側と下側になるように1本ずつ貼る。

5 上の⑧かけひもを隣の縦ひもにのせ、⑦編みひもの下をくぐらせる。

6 そのまま⑧かけひもを隣の縦ひもにかける。

7 下の⑧かけひもを縦ひもの前で上の⑧かけひもとクロスさせ、さらに隣の縦ひもにかける。

8 ⑦編みひもを隣の縦ひもにかけ、1目編む。

9 上の⑧かけひもを隣の縦ひもにのせ、⑦編みひもの下をくぐらせる。

10 そのまま⑧かけひもを隣の縦ひもにかける。

11 下の⑧かけひもを縦ひもの前で上の⑧かけひもとクロスさせ、さらに隣の縦ひもにかける。

12 8～11をくり返して⑧かけひもでクロスを作りながら編んでいく（＝**掛け編み**）。

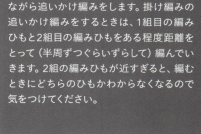

13 半周編んだら、別の⑦編みひもを右横中央の1本左の縦ひもの裏側にボンドで貼り、⑧かけひもをさらに1本左の縦ひもに、⑦編みひもの上下になるように1本ずつ貼る。

14 1組目の⑦、⑧ひもと縦1本分ずらしたところから、2組目の⑦、⑧ひもを編み始め、スタート位置を半周ずらして掛け編みを編む(=**掛け編みの追いかけ編み**)。

POINT
縦ひもの総数が偶数なので、掛け編みをしながら追いかけ編みをします。掛け編みの追いかけ編みをするときは、1組目の編みひもと2組目の編みひもをある程度距離をとって(半周ずつぐらいずらして)編んでいきます。2組の編みひもが近すぎると、編むときにどちらのひもかわからなくなるので気をつけてください。

15 2段目の⑧かけひものクロスの位置は前段と互い違いになる。

16 掛け編みの追い掛け編みで14段編む。途中⑧かけひもがなくなったら、つぎ足して編む。それぞれ編み始めの位置で終わりにする。

17 編み終わりはひもの余分をカットし、ボンドで裏側にとめる。左横から見たところ。

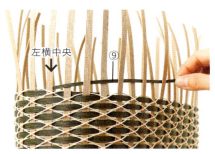

18 裏側から見たところ(右横)。

19 ⑨編みひも1本を左横中央の縦ひもの裏側にボンドで貼る。

20 右横まで半周編んだら、もう1本の⑨編みひもを右横中央の1本左の縦ひもの裏側に貼る。

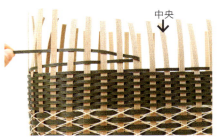
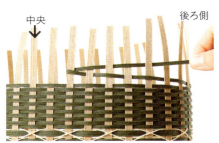

21 スタート位置を半周ずらして2本の編み目が交互になるように追いかけ編みで12段編む。

22 左横の⑨編みひもを前側中央の2本手前の縦ひもまで編み進め、引き返す。右横の⑨編みひもは休めておく。

23 反対側(後ろ側)の中央の2本手前の縦ひもまで編んだら引き返す。

55

24 今度は前側中央の3本手前の縦ひもまで編んだら引き返す。

25 以降、両側を1本ずつ手前で引き返し、計10段（折り返し5回）編む。

26 編み終わりはひもの余分をカットし、ボンドで裏側にとめる。

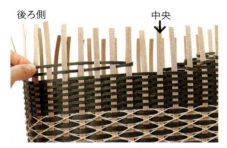

27 休めておいた右横の⑨編みひもで後ろ側中央の2本手前の縦ひもまで編んだら、引き返す。

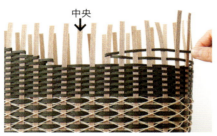

28 反対側（前側）の2本手前の縦ひもまで編んだら引き返す。

29 以降、両側を1本ずつ手前で引き返し、計10段（折り返し5回）編む。編み終わりはひもの余分をカットし、ボンドで裏側にとめる。

30 P.32を参照して⑩編みひも3本を右横縦ひもの裏側にボンドで貼り、縦ひも1本分ずつずらして出す。

31 3本なわ編みで2段編む。編み終わりはひもの余分をカットし、ボンドで裏側にとめる。

32 残った縦ひもを上に引っ張り、側面の編み目を詰める。前側と後ろ側の中央とその両隣の各3本の縦ひもを残して、すべて内側に折る。

33 折り曲げた縦ひもの根元にボンドをつけ、側面の編み目に差し込む。長い縦ひもは少しカットしてから差し込む。

34 持ち手を作る。⑪持ち手ひもの端から47cmのところに印をつけ、ひも端を合わせる。

35 ひもにボンドをつけながら、下部がやや平らな楕円になるように、8周巻いて貼る。

36 巻いたところ。下側中央から10cmのところ（厚み部分）に印をつける。

37 ⑫持ち手飾りひも2本の端にボンドをつけ、楕円の左側の印から1.5cm下に貼る。

38 ⑬巻きひもの端を楕円の下側中央の裏側にボンドでとめ、すき間なく左側から巻いていく。

39 ⑬巻きひもで印のところまで巻いたら、⑫持ち手飾りひも（2本を並べてそろえる）の下を2巻き、上を2巻きをくり返し、上部に模様を作りながら巻いていく。

40 右側の印のところまで模様を入れたら、残りを⑬巻きひもですき間なく巻く。巻き終わりは⑬巻きひもを1cm残してカットし、ボンドをつけてとめる。同じものをもう1個作る。

41 中央3本の縦ひもで持ち手を巻いて内側の編み目に差し込む。ペンチなどを使ってしっかりと引っ張るとよい。

42 差し込んだ縦ひもの裏側に、余ったひもを刷毛がわりにしてボンドを入れてとめる。

43 持ち手と縦ひもの間にも、同様にボンドを入れてとめる。差し込んだ縦ひものはみ出しは切る。

44 表側から見たところ。

45 端から2番目と3番目の縦ひもの間に⑭リングひもを通し、持ち手と一緒に2重に巻いてボンドで貼り合わせる。

46 持ち手がついたところ。

47 反対側も同じように持ち手をつけ、⑭リングひもを通して貼り合わせる。でき上がり。

掛け編みの3色使いのバスケット | Photo 15ページ

◎ **材料** ハマナカエコクラフト
　[30m巻] チョコレート (115) 1巻
　[5m巻] モスグリーン (12) 1巻
　[5m巻] グレー (20) 1巻
◎ **用具** 34ページ参照
◎ **でき上がり寸法** 写真参照
◎ **用意する幅と本数**（裁ち方図参照）
　指定以外はチョコレート

①横ひも	6本幅	61cm×	5本
②横ひも	10本幅	23cm×	6本
③縦ひも	6本幅	50cm×	12本
④縦ひも	6本幅	75cm×	1本
⑤始末ひも	6本幅	11cm×	2本
⑥底編みひも	2本幅	540cm×	2本
⑦差しひも	6本幅	19cm×	8本
⑧編みひも	4本幅	500cm×	2本　モスグリーン
		200cm×	2本　モスグリーン
⑨かけひも	1本幅	240cm×	12本　グレー
⑩編みひも	2本幅	490cm×	2本
⑪縁ひも	12本幅	95cm×	2本
⑫縁補強ひも	3本幅	94cm×	1本
⑬持ち手ひも	12本幅	31cm×	2本
⑭持ち手補強ひも	8本幅	30cm×	2本
⑮巻きひも	2本幅	500cm×	1本

裁ち方
チョコレート [30m巻]

モスグリーン [5m巻]

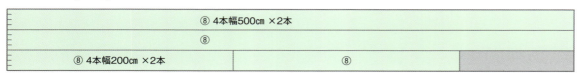

グレー [5m巻]

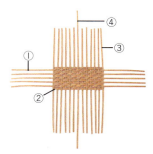

1 P.30を参照し、①、②横ひも、③、④縦ひも（中央が④縦ひも）、⑤始末ひもで角底を作るが、四隅の角を少し切り落としておく。

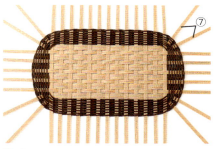

2 ⑥底編みひも2本で追いかけ編みを8周編んだらひもを休め、⑦差しひもを裏側に貼る。休めておいた⑥底編みひもで続けて追いかけ編みを4周、ねじり編みを1周編んでボンドでとめる。

3 裏返し、底から出ているひもをすべて内側に折り曲げて立ち上げる。以降、立ち上げたひもをすべて縦ひもとする。

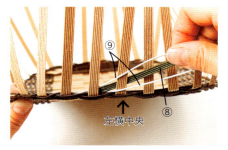

4 ⑧編みひも1本を左横中央の縦ひもの裏側にボンドで貼り、⑨かけひもを左隣の縦ひもに、⑧編みひもの上側と下側になるように1本ずつ貼る。

5 P.54の**5～12**と同様に掛け編みを編む。

6 半周編んだら、別の⑧編みひもを右横中央の1本左の縦ひもの裏側にボンドで貼り、⑨かけひもをさらに1本左の縦ひもに、⑧編みひもの上下になるように1本ずつ貼る。

7 1組目の⑧、⑨ひもと縦ひも1本分ずらしたところから、2組目の⑧、⑨ひもで編み始め、スタート位置を半周ずらして掛け編みを編む（＝**掛け編みの追いかけ編み**）。

8 入れ口に向かってやや広がるように、掛け編みの追いかけ編みで15段編む。途中ひもがなくなったら、つぎ足して編む。それぞれ編み始めの位置で終わりにし、ひもの余分をカットしてボンドで裏側にとめる。

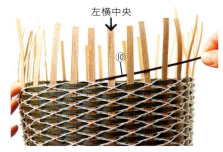

9 ⑩編みひも1本を左横中央の1本左の縦ひもの裏側にボンドで貼る。

10 右横まで半周編んだら、もう1本の⑩編みひもを右横中央の縦ひもの裏側に貼る。

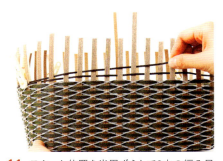

11 スタート位置を半周ずらして2本の編み目が交互になるように追いかけ編みを編む。

12 追いかけ編みで10段編んだら、それぞれ編み始めの位置で終わりにする。

13 側面の編み目を詰めてから④縦ひもにボンドをつけ、⑬持ち手ひも1本を④縦ひもの表側に貼る。⑬持ち手ひものひも端は、側面の最終段の編み目と突き合わせにする。

14 持ち手を裏側から見たところ。④縦ひもは⑬持ち手ひものひも幅中央になるようにし、④縦ひものひも端は、裏側の中央部で突き合わせにする。

15 もう1本の⑬持ち手ひもにボンドをつけて④縦ひもの裏側に貼り、3重の持ち手にする。

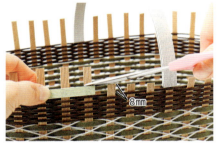

16 残った縦ひもを8mm残して切りそろえる。余ったひもを8mmにカットし、定規がわりに当てるとよい。

17 切りそろえた縦ひもにボンドをつけ、⑪縁ひもを左横中央の表側から1周貼る。⑬持ち手ひものところも上から貼る。

18 ひもが余った場合は1cm重なるように余分をカットし、ボンドで貼り合わせる。

19 ⑫縁補強ひもにボンドをつけ、持ち手の横から⑪縁ひもの上端に合わせて裏側に1周貼る。持ち手のところは避け、⑫縁補強ひもをカットして貼る。

20 もう1本の⑪縁ひもにボンドをつけ、⑫縁補強ひもの上端に合わせて裏側に貼る。最後は1cm重ねてボンドで貼り合わせる。

21 ⑬持ち手ひもにボンドをつけ、⑭持ち手補強ひも2本を並べて貼る。⑭持ち手補強ひものひも端は、⑪縁ひもの上端に合わせる。

22 裏側から見たところ。⑭持ち手補強ひもは⑬持ち手ひものひも幅中央になるようにする。

23 ⑮巻きひもの端を⑬持ち手ひもの裏側にボンドでとめ、すき間なく巻く（P.67参照）。

24 でき上がり。

菱かがりの小さなバッグ | Photo 16-17ページ

A　　B

◎材料　ハマナカエコクラフト
　A [30m巻] グレー (120) 1巻
　B [30m巻] さくら (127) 1巻
◎用具　34ページ参照
◎でき上がり寸法　写真参照
◎用意する幅と本数（裁ち方図参照）

① 横ひも	8本幅	62cm × 3本
② 横ひも	8本幅	16cm × 4本
③ 縦ひも	8本幅	50cm × 7本
④ 縦ひも	8本幅	58cm × 2本
⑤ 始末ひも	8本幅	8cm × 2本
⑥ 底編みひも	2本幅	400cm × 2本
⑦ 差しひも	8本幅	23cm × 8本
⑧ 編みひも	2本幅	340cm × 2本
⑨ 芯ひも	8本幅	67cm × 5本
⑩ かがりひも	2本幅	130cm × 10本
⑪ 編みひも	2本幅	820cm × 2本
⑫ 編みひも	2本幅	140cm × 3本
⑬ 持ち手ひも	8本幅	38cm × 4本
⑭ 持ち手補強ひも	8本幅	20cm × 2本
⑮ 巻きひも	2本幅	345cm × 2本

裁ち方
A グレー、B さくら [30m巻]

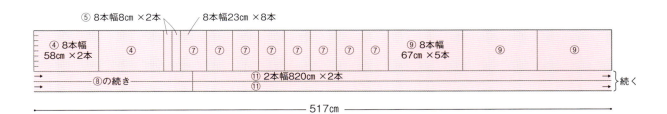

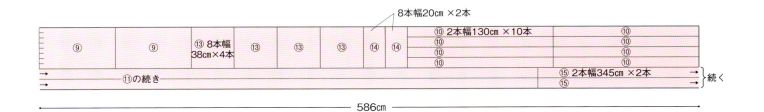

61

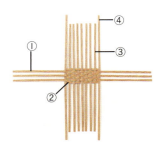

1 P.30を参照し、①、②横ひも、③、④縦ひも（両端が④縦ひも）、⑤始末ひもで角底を作るが、四隅の角を少し切り落としておく。

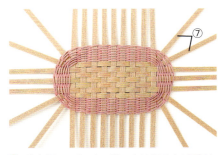

2 ⑥底編みひも2本で追いかけ編みを8周編んだらひもを休め、⑦差しひもを裏側に貼る。休めておいた⑥底編みひもで続けて追いかけ編みを4周、ねじり編みを1周編んでボンドでとめる。

3 裏返し、底から出ているひもをすべて内側に折り曲げて立ち上げる。以降、立ち上げたひもをすべて縦ひもとする。

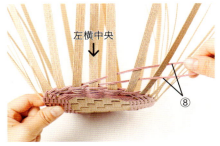

4 ⑧編みひも2本を左横中央の縦ひもとその1本左の縦ひもの裏側にボンドで貼る。

5 2本の編み目が交互になるように追いかけ編みで10段編む。編み終わりはひもの余分をカットしてボンドで裏側にとめる。

6 ⑨芯ひも1本を左横中央の縦ひもの表側にボンドで貼り、⑩かがりひもを右隣の縦ひもの裏側に、⑨芯ひもの上側と下側になるように1本ずつ貼る。

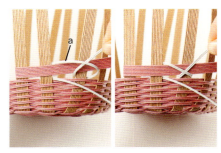

7 aの⑩かがりひもを隣の縦ひもの⑨芯ひもの下に巻きつけ、クロスを作って引き締める。このとき⑩かがりひもはクロスの下を通るようにする。

8 bの⑩かがりひもを隣の縦ひもに巻きつけ、クロスを作って引き締める。

9 bの⑩かがりひもを⑨芯ひもの下にくぐらせ、隣の縦ひもにかける。

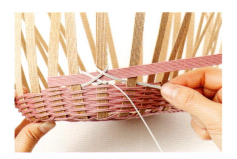

10 隣の縦ひもにかけたところ。

11 aの⑩かがりひもを隣の縦ひもにかける。井桁模様ができる。

12 7〜11をくり返して⑩かがりひもで井桁模様を作りながら編んでいく（＝菱かがり）。

13 縦ひもの間隔が均一になるようにかがり、巻きつけた⑩かがりひもが裏側でたるまないように引き締めて編む。井桁模様は縦ひも1本おきにできる。

14 1周し、⑨芯ひもが余った場合は編み始めと1cm重なるように余分をカットし、表側にボンドで貼る。

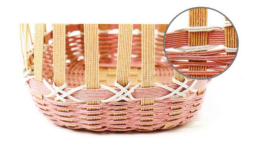

15 ⑨芯ひもを貼り合わせた左横中央の縦ひものところにも菱かがりをし、⑩かがりひもの余分をカットして裏側に貼る。

16 2段目。⑨芯ひもを左横中央の1本左の縦ひもの表側に貼り、⑩かがりひもを右隣（左横中央）の縦ひもの裏側に、⑨芯ひもの上側と下側になるように1本ずつ貼る。

17 同様に菱かがりをする。井桁模様は前段と互い違いにできる。

18 同様に菱かがりで5段編む。3段目、5段目は1段目と同じ位置、4段めは2段目と同じ位置に⑨、⑩ひもを貼り、編み始める。

19 ⑪編みひも2本を左横中央の縦ひもとその1本右の縦ひもの裏側にボンドで貼る。

20 2本の編み目が交互になるように追いかけ編みで19段編み、⑪編みひもを休めておく。

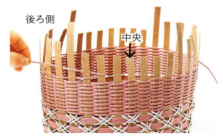

21 1本目の⑪編みひもを後ろ側中央の2本手前の縦ひもまで編み進み、引き返す。2本目の⑪編みひもは休めておく。

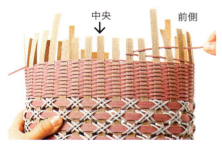

22 反対側（前側）の中央の2本手前の縦ひもまで編んだら、引き返す。

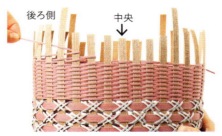

23 後ろ側の中央の3本手前の縦ひもまで編んだら、引き返す。

24 以降、両側1本ずつ手前で引き返し、計8段（折り返し4回）編む。編み終わりはひもの余分をカットし、ボンドで裏側にとめる。

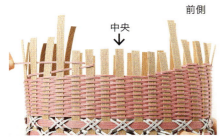
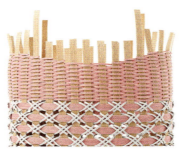
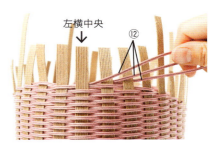

25 休めておいた2本目の⑪編みひもを前側中央の2本手前の縦ひもまで編んだら引き返す。

26 反対側（後ろ側）の中央の2本手前の縦ひもまで編んだら引き返し、同様に縦ひもを1本ずつ手前で引き返して計8段（折り返し4回）編む。編み終わりはひもの余分をカットし、ボンドで裏側にとめる。

27 P.32を参照して⑫編みひも3本を左横中央の縦ひもの裏側にボンドで貼り、縦ひも1本分ずつずらして出す。

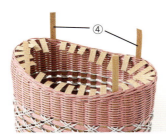

28 3本なわ編みで2段編む。編み終わりはひもの余分をカットし、ボンドで裏側にとめる。

29 側面の編み目を詰めてから、持ち手つけ位置（④縦ひも）以外の残った縦ひもをすべて内側に折る。

30 折り曲げた縦ひもの根元にボンドをつけ、側面の編み目に差し込む。長いひもは少しカットしてから差し込む。

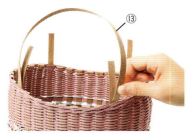
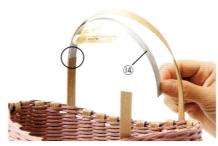

31 ⑬持ち手ひも1本の端にボンドをつけ、④縦ひもの表側の編み目に3cm差し込んで貼る。

32 ④縦ひもを⑬持ち手ひもの裏側に貼り、⑭持ち手補強ひもを④縦ひもと突き合わせになるように貼る。⑭持ち手補強ひもが長い場合はカットする。

33 もう1本の⑬持ち手ひもにボンドをつけ、④縦ひもの裏側の編み目に差し込んで貼る。3重の持ち手になる。

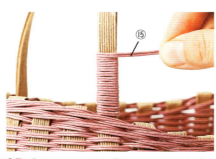

34 反対側もう1本の持ち手も同様に作る。

35 ⑮巻きひもの端を⑬持ち手ひもの裏側にボンドでとめ、すき間なく巻く（P.67参照）。

36 でき上がり。

菱かがりの収納かご | Photo 18-19 ページ

◎ 材料　ハマナカエコクラフト
　　　　［30m巻］サンド（113）1巻
◎ 用具　34ページ参照
◎ でき上がり寸法　写真参照
◎ 用意する幅と本数（裁ち方図参照）

① 横ひも	8本幅	70cm× 7本
② 横ひも	8本幅	31cm× 8本
③ 縦ひも	8本幅	52cm×15本
④ 始末ひも	8本幅	15cm× 2本
⑤ 芯ひも	8本幅	93cm× 8本
⑥ かがりひも	2本幅	185cm×16本
⑦ 編みひも	2本幅	560cm× 2本
⑧ 縁ひも	12本幅	93cm× 2本
⑨ 縁補強ひも	3本幅	92cm× 1本
⑩ 持ち手ひも	9本幅	57cm× 2本
⑪ 巻きひも	2本幅	210cm× 2本

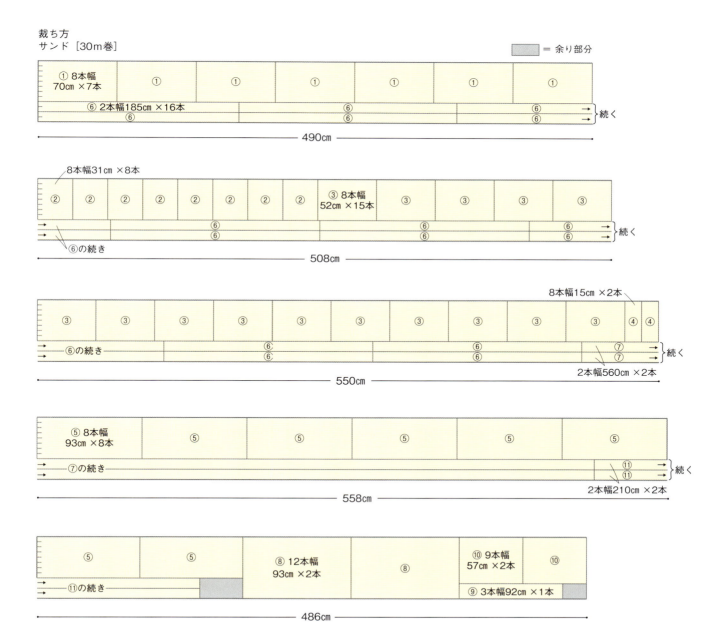

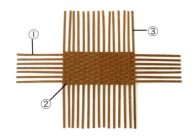

1 P.30を参照し、①、②横ひも、③縦ひも、④始末ひもで角底を作る。

2 裏返し、底から出ているひもをすべて内側に折り曲げて立ち上げる。以降、立ち上げたひもをすべて縦ひもとする。

3 ⑤芯ひも1本を左横中央の縦ひもの表側にボンドで貼り、⑥かがりひもを右隣の縦ひもの裏側に、⑤芯ひもの上側と下側になるように1本ずつ貼る。

4 P.62・63の6〜17と同様に菱かがりをする。

5 菱かがりで8段編む。3、5、7段目は1段目と同じ位置、4、6、8段めは2段目と同じ位置に⑤、⑥ひもを貼り、編み始める。

6 ⑦編みひも2本を左横中央の縦ひもとその1本左の縦ひもの裏側にボンドで貼る。

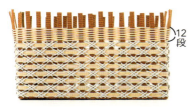

7 2本の編み目が交互になるように追いかけ編みで12段編む。

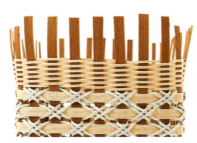

8 編み終わりはひもの余分をカットし、ボンドで裏側にとめる。

9 側面の編み目を詰めてから、残った縦ひもを9mm残して切りそろえる。余ったひもを9mmにカットし、定規がわりに当てるとよい。

10 切りそろえた縦ひもにボンドをつけ、⑧縁ひもを左横中央の表側から1周貼る。ひもが余った場合は1cm重なるように余分をカットし、ボンドで貼り合わせる。

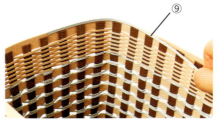

11 ⑨縁補強ひもにボンドをつけ、⑧縁ひもの上端に合わせて裏側に1周貼る。最後は突き合わせにする。

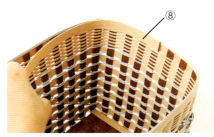

12 もう1本の⑧縁ひもにボンドをつけ、⑨縁補強ひもの上端に合わせて裏側に貼る。最後は1cm重ねてボンドで貼り合わせる。

13 ⑩持ち手ひもの両側の端をそれぞれ18cmのところで折る。

14 ⑩持ち手ひもをいったん伸ばし、かごの左右の表側から⑧縁ひもの下に折り目のところまで差し込む。

15 持ち手の形にし、ボンドで貼り合わせて3重の持ち手にする。

16 ⑪巻きひもの端を⑩持ち手ひもの間に入れてボンドでとめ、すき間なく巻く（下記参照）。反対側の持ち手も同様に作る。

17 持ち手がかごの内側に入らないようにまっすぐに形を整え、上側を少し平らにつぶす。

18 でき上がり。

持ち手の巻き方

●巻きひもを持ち手ひもの裏側に貼って巻く

1 巻きひもは束ねておく。

2 巻きひもの端にボンドをつけ、持ち手ひもの裏側に斜めに貼り、根元から巻いていく（巻きひもの端は巻いた部分で隠れる）。

3 巻きひもがねじれないように気をつけ、すき間なく巻いていく。

4 反対側まで巻いたら、巻きひもを1cm残してカットし、ボンドをつけて目打ちで巻いた部分に入れ込む。

●巻きひもを持ち手ひもの間に入れて巻く

1 巻きひもは束ねておく。巻きひもの端にボンドをつけ、持ち手ひもの間に入れて貼る。

2 巻きひもがねじれないように気をつけながら、持ち手の根元からすき間なく巻いていく。

3 反対側まで巻いたら、巻きひもを1cm残してカットする。

4 ひもの先にボンドをつけて目打ちで持ち手の間に入れ込む。

八の字かがりのA4サイズのかご | Photo 20ページ

- **材料** ハマナカエコクラフト
  [30m巻] マロン (114) 1巻
  [5m巻] ベージュ (1) 1巻
- **用具** 34ページ参照
- **でき上がり寸法** 写真参照
- **用意する幅と本数** (裁ち方図参照)
  指定以外はマロン

①横ひも	6本幅	52cm×11本
②横ひも	10本幅	31cm×12本
③縦ひも	6本幅	42cm×15本
④始末ひも	6本幅	23cm×2本
⑤編みひも	6本幅	112cm×3本
⑥編みひも	2本幅	550cm×2本
⑦芯ひも	6本幅	110cm×2本 ベージュ
⑧かがりひも	2本幅	200cm×4本 ベージュ
⑨縁ひも	12本幅	110cm×2本
⑩縁補強ひも	2本幅	110cm×1本
⑪持ち手ひも	8本幅	46cm×2本
⑫巻きひも	2本幅	140cm×2本

裁ち方
マロン [30m巻] ■ = 余り部分

592cm

606cm

685cm

ベージュ [5m巻]

310cm

68

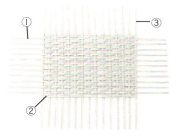

1　P.30を参照し、①、②横ひも、③縦ひも、④始末ひもで角底を作る。

2　裏返し、底から出ているひもをすべて内側に折り曲げて立ち上げる。以降、立ち上げたひもをすべて縦ひもとする。

3　⑤編みひも1本を左横の左端の縦ひもの裏側に洗濯バサミでとめ（ボンドではとめない）、縦ひもに対して交互になるように1段編む。編み終わりは編み始めと重ねてボンドで貼り合わせる。

4　⑥編みひも2本を左横中央の縦ひもとその1本左の縦ひもの裏側にボンドで貼る。

5　2本の編み目が交互になるように追いかけ編みで10段編む。編み終わりはひもの余分をカットし、ボンドで貼り合わせる。

6　⑤編みひも1本を左横の左端の1本右の縦ひもの裏側に洗濯バサミでとめて1段編み、編み始めと重ねてボンドで貼る。

7　⑦芯ひも1本を左横中央の縦ひもの表側にボンドで貼る。⑦芯ひもの上に、⑧かがりひも1本の先端を5mm折って同じ縦ひもの裏側にボンドでとめる。

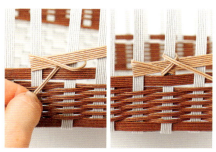

8　⑧かがりひもを⑦芯ひもの下を通って隣の縦ひもに巻きつけ、引き締める。今度は⑦芯ひもの上を通って縦ひもに巻きつけ、右下方向に引く。

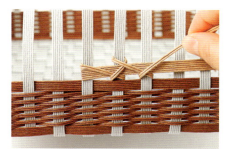

9　⑧かがりひもを⑦芯ひもの下を通って隣の縦ひもに巻きつける。

10　同様に⑧かがりひもを⑦芯ひもの上下を交互に通って隣の縦ひもに巻きつけていく（＝八の字かがり）。

※⑦芯ひもは縦ひもの上にのせているだけなので、⑧かがりひもの引き加減によって縦ひもの間隔が変わってきます。間隔が均等になるように気をつけてかがりましょう。

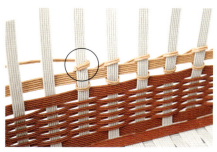

11　途中⑧かがりひもがなくなったら、縦ひもの裏側で次のひもとつぎ足す。

12　1周し、⑦芯ひもが余った場合は編み始めと5mm重なるように余分をカットし、表側にボンドで貼る。

13 ⑧かがりひもは模様がつながるように、ひも端を最初にかがった目の中にくぐらせる。ひもの余分を5mm残してカットし、貼り始めと重ねて裏側に貼る。

14 2段目。左横中央の縦ひもに⑦芯ひも、⑧かがりひもをボンドで貼り、8〜13と同様に八の字かがりをする。

15 残りの⑤編みひもを左横の左端の1本右の縦ひもの裏側に洗濯バサミでとめ、1段編む。編み終わりは編み始めと重ねてボンドで貼り合わせる。

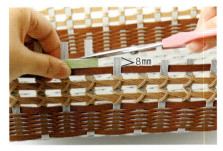

16 側面の編み目を詰めてから、残った縦ひもを8mm残して切りそろえる。余ったひもを8mmにカットし、定規がわりに当てるとよい。

17 切りそろえた縦ひもにボンドをつけ、⑨縁ひもを左横中央の2本右の縦ひも表側から1周貼る。貼り終わりは縦ひもと縦ひもの間になるようにし、ひもが余った場合は1cm重なるように余分をカットしてボンドで貼り合わせる。

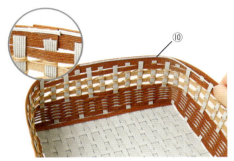

18 ⑩縁補強ひもにボンドをつけ、⑨縁ひもの上端に合わせて裏側に1周貼る。最後は突き合わせにする。

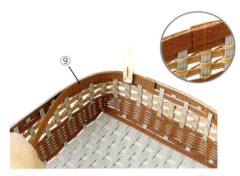

19 もう1本の⑨縁ひもにボンドをつけ、⑩縁補強ひもの上端に合わせて裏側に貼る。最後は1cm重ねて貼り合わせ、ひも端を外側の縁ひもの端と位置をそろえる。

20 ⑪持ち手ひもは両端から14cmのところでそれぞれ内側に折る。

21 ⑪持ち手ひもをいったん伸ばし、かごの左右の表側から1番上の⑤編みひもの下に折り目のところまで差し込む。

22 ⑪持ち手ひもを持ち手の形にし、ボンドで貼り合わせて3重の持ち手にする。

※⑪持ち手ひもを差し込むと、⑨縁ひもの貼り終わりのつなぎ目がちょうど隠れます。

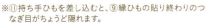

23 ⑫巻きひもの端を⑪持ち手ひもの間に入れてボンドでとめ、すき間なく巻く（P.67参照）。

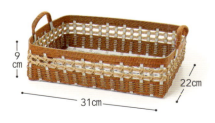

24 反対側の持ち手も同様に作る。でき上がり。

八の字かがりの地模様バッグ | Photo 21ページ

- ◎**材料** ハマナカエコクラフト [30m巻] ベージュ(101) 1巻
- ◎**用具** 34ページ参照
- ◎**でき上がり寸法** 写真参照
- ◎**用意する幅と本数**(裁ち方図参照)

①横ひも	5本幅	70cm×3本
②横ひも	8本幅	23cm×4本
③縦ひも	5本幅	54cm×9本
④縦ひも	5本幅	75cm×2本
⑤始末ひも	5本幅	7cm×2本
⑥底編みひも	2本幅	520cm×2本
⑦差しひも	5本幅	24cm×8本
⑧編みひも	3本幅	240cm×2本
⑨縦差しひも	5本幅	20cm×68本
⑩補強ひも	4本幅	75cm×1本
⑪芯ひも	5本幅	78cm×12本
⑫かがりひも	1本幅	270cm×24本
⑬編みひも	3本幅	80cm×3本
⑭縁ひも	10本幅	80cm×2本
⑮縁補強ひも	2本幅	80cm×1本
⑯持ち手ひも	9本幅	42cm×4本
⑰持ち手補強ひも	9本幅	15cm×2本
⑱巻きひも	2本幅	460cm×2本

裁ち方
ベージュ[30m巻]　　■= 余り部分

619cm

580cm　⑱2本幅460cm×2本

568cm

620cm

540cm

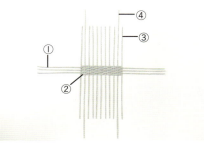

1 P.30を参照し、①、②横ひも、③、④縦ひも（両端から2本目が④縦ひも）、⑤始末ひもで角底を作るが、四隅の角を少し切り落としておく。

2 ⑥底編みひも2本で追いかけ編みを8周編んだらひもを休め、⑦差しひもを裏側に貼る。休めておいた⑥底編みひもで続けて追いかけ編みを4周、ねじり編みを1周編んでボンドでとめる。

3 裏返し、底から出ているひもをすべて内側に折り曲げて立ち上げる。以降、立ち上げたひもをすべて縦ひもとする。

4 ⑧編みひも1本を左横中央の縦ひもの裏側にボンドで貼る。

5 右横まで半周編んだら、もう1本の⑧編みひもを右横中央の1本左の縦ひもの裏側に貼る。スタート位置を半周ずらして2本の編み目が交互になるように追いかけ編みを編む。

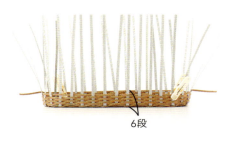

6 追いかけ編みで6段編んだら、それぞれ編み始めの位置で終わりにし、ひもの余分をカットしてボンドで裏側にとめる。

7 元の縦ひもと縦ひもの間、差しひもと差しひもの間、縦ひもと差しひもの間、横ひもと差しひもの間に⑨縦差しひもを2本ずつ裏側に貼る。元の横ひもと横ひもの間には、⑨縦差しひもを1本ずつ裏側に貼る。

8 ⑨縦差しひもを全部貼ったところ。

9 ⑩補強ひもにボンドをつけ、裏側の下端に左横から1周貼る。ひもが余った場合は1cm重なるように余分をカットし、ボンドで貼り合わせる。

10 ⑪芯ひも1本を左横中央の縦ひもの表側にボンドで貼る。⑪芯ひもの上に、⑫かがりひも1本の先端を5mm折って同じ縦ひもの裏側にボンドでとめる。

11 ⑫かがりひもを⑪芯ひもの下から隣の縦ひもに巻きつけ、右にできたループの下に⑫かがりひもをくぐらせる。

12 そのまま⑪芯ひもの下を通す。

13 ⑫かがりひもを左下方向に引いて引き締める。

14 今度は⑫かがりひもを⑪芯ひもの上から縦ひもに巻きつけ、右下方向に引く。

15 ⑫かがりひもを⑪芯ひもの下から隣の縦ひもに巻きつけ、**11・12**と同様に通して、左下方向に引いて引き締める。

※縦ひもの間隔が密なので、⑫かがりひもはひも先から通すのではなく、このように巻きつけて通すと楽にかがれます。

16 ⑪芯ひもの上から縦ひもに巻きつけ、右下方向に引く。

17 **11~14**と同様に⑫かがりひもを⑪芯ひもの上と下から交互に隣の縦ひもに巻きつけていく(=八の字かがり)。途中⑫かがりひもがなくなったら、つぎ足す。

18 1周し、⑪芯ひもが余った場合は編み始めと5mm重なるように余分をカットし、表側にボンドで貼る。⑫かがりひもは模様がつながるように、ひも端を最初にかがった目の中にくぐらせる。

19 ⑫かがりひもの余分を5mm残してカットし、貼り始めと重ねて裏側に貼る。

20 2段目。左横中央の縦ひもに⑪芯ひも、⑫かがりひもを貼り、**10~19**と同様に八の字かがりをする。

21 ⑪芯ひも、⑫かがりひもで八の字かがりで同様に計9段編む。⑪芯ひもと⑪芯ひもの間があまりあかないように、すき間をできるだけ詰めて編む。

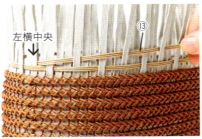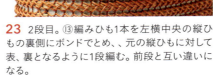

22 ⑬編みひもを元の縦ひも(●印が元の縦ひも)に編む。⑬編みひも1本を左横中央の1本左の縦ひもの裏側にボンドでとめ、元の縦ひもに対して表、裏となるように1段編む。編み終わりは編み始めと重ねてボンドで貼り合わせる。

※元の縦ひもとは、3で立ち上げたひもになります。元の縦ひも以外のひもを内側に倒して編むとよいでしょう。

23 2段目。⑬編みひも1本を左横中央の縦ひもの裏側にボンドでとめ、元の縦ひもに対して表、裏となるように1段編む。前段と互い違いになる。

24 残りの⑬編みひもを**22**と同じ位置に貼り、同様にもう1段編む。

73

25 ⑪芯ひも、⑫かがりひもで八の字かがりで3段編む。

26 ④縦ひもにボンドをつけ、⑯持ち手ひも1本を④縦ひもの表側に貼る。⑯持ち手ひものひも端は、側面の最終段の編み目と突き合わせにする。

27 ⑰持ち手補強ひもを④縦ひもと突き合わせになるように貼る。⑰持ち手補強ひもが長い場合はカットする。

28 もう1本の⑯持ち手ひもにボンドをつけて④縦ひもの裏側に貼り、3重の持ち手にする。

29 反対側の持ち手も同様に作る。

30 残った縦ひもを6mm残して切りそろえる。余ったひもを6mmにカットし、定規がわりに当てるとよい。

31 切りそろえた縦ひもにボンドをつけ、⑭縁ひもを左横中央の表側から1周貼る。⑯持ち手ひものところも上から貼る。

32 ひもが余った場合は1cm重なるように余分をカットし、ボンドで貼り合わせる。

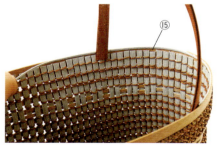

33 ⑮縁補強ひもにボンドをつけ、持ち手の横から⑭縁ひもの上端に合わせて裏側に1周貼る。持ち手のところは避け、⑮縁補強ひもをカットして貼る。

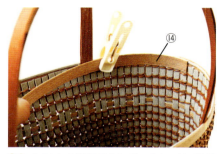

34 もう1本の⑭縁ひもにボンドをつけ、⑮縁補強ひもの上端に合わせて裏側に貼る。最後は1cm重ねてボンドで貼り合わせる。

35 ⑱巻きひもの端を⑯持ち手ひもの裏側にボンドでとめ、すき間なく巻く（P.67参照）。

36 反対側の持ち手も同様に巻く。でき上がり。

ジグザグ編みのかご 大・小 | Photo 22-23ページ

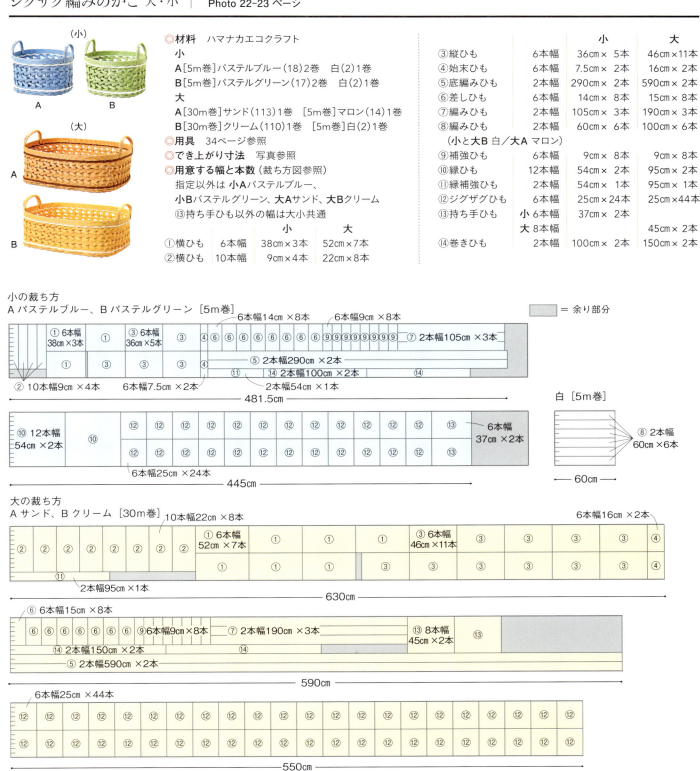

◎**材料** ハマナカエコクラフト
小
A ［5m巻］パステルブルー(18)2巻 白(2)1巻
B ［5m巻］パステルグリーン(17)2巻 白(2)1巻
大
A ［30m巻］サンド(113)1巻 ［5m巻］マロン(14)1巻
B ［30m巻］クリーム(110)1巻 ［5m巻］白(2)1巻
◎**用具** 34ページ参照
◎**でき上がり寸法** 写真参照
◎**用意する幅と本数**（裁ち方図参照）
指定以外は 小Aパステルブルー、
小Bパステルグリーン、大Aサンド、大Bクリーム
⑬持ち手ひも以外の幅は大小共通

		小	大
①横ひも	6本幅	38cm×3本	52cm×7本
②横ひも	10本幅	9cm×4本	22cm×8本
③縦ひも	6本幅	36cm×5本	46cm×11本
④始末ひも	6本幅	7.5cm×2本	16cm×2本
⑤底編みひも	2本幅	290cm×2本	590cm×2本
⑥差しひも	6本幅	14cm×8本	15cm×8本
⑦編みひも	2本幅	105cm×3本	190cm×3本
⑧編みひも	2本幅	60cm×6本	100cm×6本
（小と大B 白／大A マロン）			
⑨補強ひも	6本幅	9cm×8本	9cm×8本
⑩縁ひも	12本幅	54cm×2本	95cm×2本
⑪縁補強ひも	2本幅	54cm×1本	95cm×1本
⑫ジグザグひも	6本幅	25cm×24本	25cm×44本
⑬持ち手ひも	小 6本幅	37cm×2本	
	大 8本幅		45cm×2本
⑭巻きひも	2本幅	100cm×2本	150cm×2本

75

※小で解説をしています。大は指定の長さと本数で同様に作ります。

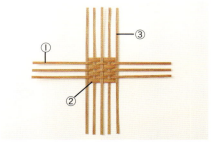
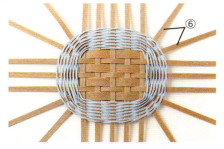

1 P.30を参照し、①、②横ひも、③縦ひも、④始末ひもで角底を作るが、四隅の角を少し切り落としておく。

2 ⑤底編みひも2本で追いかけ編みを8周編んだらひもを休め、⑥差しひもを裏側に貼る。休めておいた⑤底編みひもで続けて追いかけ編みを4周、ねじり編みを1周編んでボンドでとめる。

3 裏返し、底から出ているひもをすべて内側に折り曲げて立ち上げる。以降、立ち上げたひもをすべて縦ひもとする。

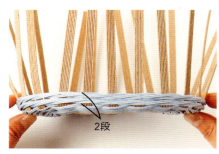

4 P.32を参照して⑦編みひも3本を左横の縦ひもの裏側にボンドで貼り、縦ひも1本分ずつずらして出す。

5 3本なわ編みで2段編む。編み終わりはひもの余分をカットし、ボンドで裏側にとめる。

6 ⑧編みひも3本を4と同じところに同様に貼り、3本なわ編みで1段編む。ひもの余分をカットしてボンドで裏側にとめる。

7 ⑨補強ひもにボンドをつけ、⑥差しひもの裏側に貼って2重にする。⑨補強ひもの先端は編み目に5mm差し込む。
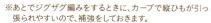
※あとでジグザグ編みをするときに、カーブで縦ひもが引っ張られやすいので、補強をしておきます。

8 余ったひもにボンドをつけ、裏側の縦ひもの根元と編み目の間にボンドを入れて固定する。このとき、縦ひもの間隔が均等になるように整えながら貼る。

9 縦ひもを底面から10cmのところで切りそろえる。余ったひもを10cmにカットし、定規がわりにするとよい。

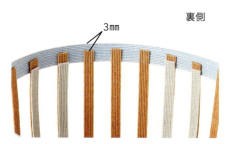

10 切りそろえた縦ひもにボンドをつけて、⑩縁ひもを左横中央の1本右(大は2本右)の縦ひもの表側から1周貼るが、⑩縁ひもは縦ひもから3mm上に出るようにし、間隔を整えながら貼る。

11 裏側から見たところ。

12 貼り終わりは縦ひもと縦ひもの間になるようにし、ひもが余った場合は1cm重なるように余分をカットしてボンドで貼り合わせる。

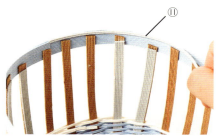

13 ⑪縁補強ひもにボンドをつけ、⑩縁ひもの上端に合わせて裏側に1周貼る。最後は突き合わせにする。

14 もう1本の⑩縁ひもにボンドをつけ、⑪縁補強ひもの上端に合わせて裏側に貼る。最後は1cm重ねて貼り合わせ、ひも端を外側の縁ひもの端と位置をそろえる。

15 天地を逆にして、⑧編みひも3本を左横の縦ひもの裏側に1本ずつずらしてボンドで貼る。

16 縦ひもの間をくぐらせながら、3本なわ編みで1段編む。

17 編み終わりはひもの余分をカットし、ボンドで裏側にとめる。

18 天地を元に戻し、⑫ジグザグひもの先にボンドをつけ、右隣の縦ひもの裏側から編み目に差し込み、右斜め（約30度）になるように貼る。貼り始めの縦ひもはどこでもよい。

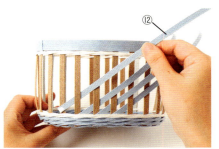

19 同様に⑫ジグザグひもを右隣の縦ひもの裏側から1本ずつ差し込んで貼る。⑫ジグザグひもは小は1/2、大は1/3の本数ずつ貼る。

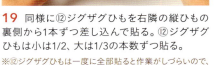

※⑫ジグザグひもは一度に全部貼ると作業がしづらいので、かごの側面を1/2～1/3に分けて編んでいきます。

20 左端の⑫ジグザグひもを左斜めに折り、左隣の縦ひもの裏から表に出す。

21 同様に1本ずつ左斜めに折り、左隣の縦ひもの裏から表に出していく。

22 右端の⑫ジグザグひもまで折ったら、今度は右斜めに折り、右隣の縦ひもの裏から表に出す。

23 左端まで折ったら、⑫ジグザグひもを左斜めに折り、左隣の縦ひもの裏から表に出す。

24 これをくり返し、ジグザグに計6回折り返す（＝ジグザグ編み）。

POINT
ジグザグ編みは、ジグザグに折ったときに三角のすき間ができるだけそろうようにすると仕上がりがきれいです。

25 残りの⑫ジグザグひもをすでに編んだ面の左隣の縦ひもから、**18**と同様に1本ずつ差し込んで貼る。

26 左端まで貼ったら、**20**と同様に左斜めに折り、左隣の縦ひもの裏から表に出す。先に編んだ面と隣接するところは、模様がつながるように編み目の中をくぐらせて出す。

27 同様に1本ずつ左斜めに折り、左隣の縦ひもの裏から表に出していく。

28 右端の⑫ジグザグひもまで折ったら、**22**と同様に右斜めに折り、右隣の縦ひもの裏から表に出す。編んだ面と隣接するところは、編み目の中をくぐらせて出す。

29 これをくり返し、側面をジグザグ編みで計6回折り返す。

30 ⑫ジグザグひもで側面を全部編んだら、残ったひもを上部の3本なわ編みのところに隠れる長さに斜めにカットし、ひも先にボンドをつけて編み目に差し込む。

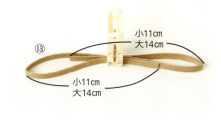

31 ⑬持ち手ひもは両端から小は11cm、大は14cmのところでそれぞれ内側に折る。

32 ⑬持ち手ひもをいったん伸ばし、本体の左右の外側から⑩縁ひもの下に折り目のところまで差し込む。

※⑬持ち手ひもを差し込むと、⑩縁ひもの貼り終わりのつなぎ目がちょうど隠れます。

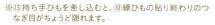

33 ⑬持ち手ひもを持ち手の形にし、ボンドで貼り合わせて3重の持ち手にする。

34 ⑭巻きひもの端を⑬持ち手ひもの間に入れてボンドでとめ、すき間なく巻く（P.67参照）。

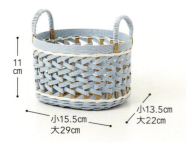

35 反対側の持ち手も同様に巻く。でき上がり。

よろい編みの大きなかご | Photo 24-25 ページ

◎ 材料　ハマナカエコクラフト
A ［30m巻］ターコイズグリーン (133) 1巻
　［5m巻］グレー (20) 3巻
B ［30m巻］白 (102) 1巻
　［5m巻］白 (2) 3巻
◎ 用具　34ページ参照
◎ でき上がり寸法　写真参照
◎ 用意する幅と本数（裁ち方図参照）
　Aは指定以外ターコイズグリーン
　Bはすべて白で裁つ

①横ひも	8本幅	74cm×11本
②横ひも	8本幅	23cm×12本
③縦ひも	8本幅	72cm×11本
④始末ひも	8本幅	23cm×2本
⑤底編みひも	2本幅	705cm×2本
⑥差しひも	8本幅	25cm×8本
⑦編みひも	4本幅	460cm×2本
⑧編みひも	4本幅	500cm×9本
⑨編みひも	4本幅	500cm×2本
⑩縁ひも	12本幅	130cm×2本
⑪縁補強ひも	3本幅	130cm×1本
⑫持ち手ひも	8本幅	51cm×2本
⑬巻きひも	2本幅	180cm×2本

⑧⑨⑫⑬はグレー

裁ち方
A ターコイズグリーン、B 白［30m巻］

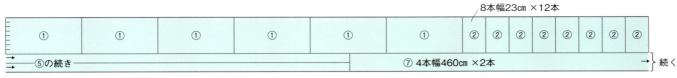

A グレー、B 白［5m巻］　※同様に3巻裁つ

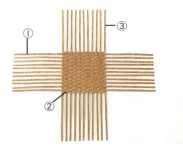
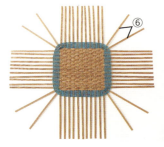

1 P.30を参照し、①、②横ひも、③縦ひも、④始末ひもで角底を作るが、四隅の角を少し切り落としておく。

2 ⑤底編みひも2本で追いかけ編みを8周編んだらひもを休め、⑥差しひもを裏側に貼る。休めておいた⑤底編みひもで続けて追いかけ編みを4周、ねじり編みを1周編んでボンドでとめる。

3 裏返し、底から出ているひもをすべて内側に折り曲げて立ち上げる。以降、立ち上げたひもをすべて縦ひもとする。

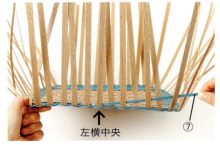
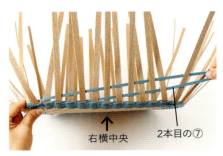

4 ⑦編みひも1本を左横中央の縦ひもの裏側にボンドで貼る。

5 右横まで半周編んだら、もう1本の⑦編みひもを右横中央の1本左の縦ひもの裏側に貼り、スタート位置を半周ずらして2本の編み目が交互になるように追いかけ編みを編む。

6 追いかけ編みで8段編んだら、それぞれ編み始めの位置で終わりにする。編み終わりはひもの余分をカットし、ボンドで裏側にとめる。

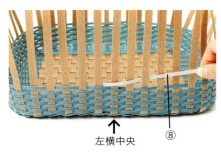
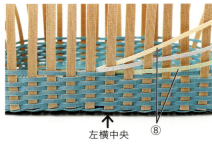

7 1本目の⑧編みひもを左横中央の1本左の縦ひもの裏側にボンドで貼り、縦ひも2本とばして次の縦ひもにかける。

8 2本目の⑧編みひもを**7**の⑧編みひもの縦ひも1本右、3本目の⑧編みひもを2本右に貼るが、高さは1本目の⑧編みひもが真ん中、2本目のひもが上、3本目のひもが下になるように貼る。

9 一番上の⑧編みひもを真ん中の編みひもとクロスさせ、縦ひも2本とばしたところにかける。上にあった編みひもが真ん中に移動する。

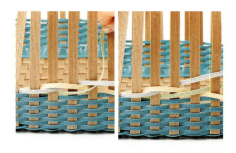

10 次に一番下の編みひもを真ん中のひもとクロスさせ、縦ひも2本とばしたところにかける。下にあった編みひもが真ん中に移動する。

11 一番上の⑧編みひもを**9**と同様に縦ひも2本とばしたところにかける。**9**・**10**をくり返して編んでいく（=**よろい編み**）。かけたあとは常に真ん中のひもだけが縦ひもの後ろになり、上下のひもは縦ひもの前に出る。

POINT

よろい編みは3本の編みひもがからまりやすいので、編みひもは小さく束ねておき、1目編むごとにからまりをほどきながら編むようにします。

80

12 2段目を編んでいるところ。よろい編みは3本で1段と数える。

13 入れ口に向かってやや広がるように、よろい編みで12段編む。途中ひもがなくなったら、つぎ足して編む。

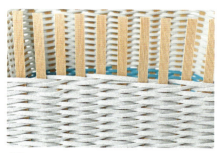

14 編み終わりはひもの余分をカットし、ボンドで裏側にとめる。

15 ⑨編みひも1本を左横中央の縦ひもの裏側にボンドで貼る。

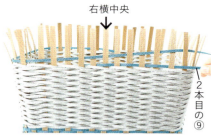

16 右横まで半周編んだら、もう1本の⑨編みひもを右横中央の1本左の縦ひもの裏側に貼り、スタート位置を半周ずらして追いかけ編みを編む。

17 追いかけ編みで8段編んだら、それぞれ編み始めの位置で終わりにする。編み終わりはひもの余分をカットし、ボンドで裏側にとめる。

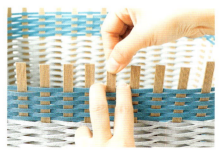

18 残った縦ひもを上に引っ張り、側面の編み目を詰める。

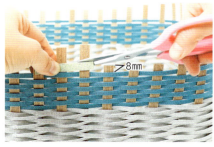

19 残った縦ひもを8mm残して切りそろえる。余ったひもを8mmにカットし、定規がわりに当てるとよい。

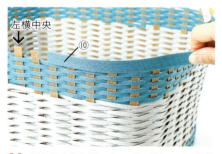

20 切りそろえた縦ひもにボンドをつけ、⑩縁ひもを左横中央の2本右の縦ひもの表側から1周貼る。

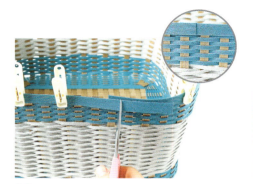

21 貼り終わりは縦ひもと縦ひもの間になるようにし、ひもが余った場合は1cm重なるように余分をカットしてボンドで貼り合わせる。

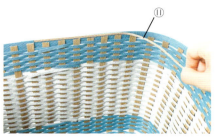

22 ⑪縁補強ひもにボンドをつけ、⑩縁ひもの上端に合わせて裏側に1周貼る。

23 最後は突き合わせにする。

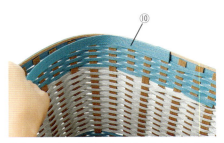

24 もう1本の⑩縁ひもにボンドをつけ、⑪縁補強ひもの上端に合わせて裏側に貼る。最後は1cm重ねて貼り合わせ、ひも端を外側の縁ひもの端と位置をそろえる。

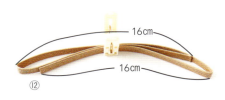

25 ⑫持ち手ひもの両側の端をそれぞれ16cmのところで折る。

26 ⑫持ち手ひもをいったん伸ばし、かごの左右の外側から⑩縁ひもの下に折り目のところまで差し込む。

27 ⑫持ち手ひもを持ち手の形にし、ボンドで貼り合わせて3重の持ち手にする。
※⑫持ち手ひもを差し込むと、⑩縁ひもの貼り終わりのつなぎ目がちょうど隠れます。

28 ⑬巻きひもの端を⑫持ち手ひもの間に入れてボンドでとめ、すき間なく巻く（P.67参照）。

29 反対側の持ち手も同様に作る。でき上がり。

◇ ワンポイントレッスン

ひもの巻きぐせを直す

底を作るときに、横ひも、縦ひも、始末ひもに巻きぐせがついていたら、手でしごいてまっすぐにしてから底を作ります。

底を立ち上げるとき

底のひもはしっかりと立ち上げます。角底や、楕円底のカーブ以外のところは、定規を当てて折り目をつけると楽です。

ひもを貼り間違えたとき

貼り間違えた部分にアイロンを当てます。アイロンの熱でボンドが溶けるので、熱いうちにひもをはがします。

突き合わせとは？

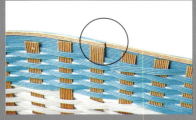

「突き合わせ」とは、ひもとひもが重ならないでぴったりと合わさった状態のこと。縁補強ひもや持ち手補強ひもを貼るときによく使われます。

側面の編み目を詰める

側面が編み終わったら、縁の始末をする前に縦ひもを上方向に引っ張って編みひものすき間を詰めると、編み目が詰まってきれいに仕上がります。

縦ひもを編み目に差し込む

縦ひもを表側に差し込むときは、ひも端が編み目から出ないように隠れる長さにカットし、ボンドを縦ひもの先ではなく、根元につけて差し込みます。

松葉よろい編みのバスケット | Photo 26 ページ

- ◎ **材料** ハマナカエコクラフト [30m巻] からし (124) 1巻
- ◎ **用具** 34ページ参照
- ◎ **でき上がり寸法** 写真参照
- ◎ **用意する幅と本数** (裁ち方図参照)

①横ひも	6本幅	64cm×7本	
②横ひも	8本幅	24cm×8本	
③縦ひも	6本幅	56cm×11本	
④縦ひも	6本幅	64cm×2本	
⑤始末ひも	6本幅	14cm×2本	
⑥底編みひも	2本幅	590cm×2本	
⑦差しひも	6本幅	20cm×8本	
⑧編みひも	2本幅	390cm×2本	
⑨編みひも	3本幅	775cm×3本	
		325cm×3本	
⑩編みひも	2本幅	165cm×1本	
		205cm×1本	
		410cm×1本	
⑪縁ひも	4本幅	97cm×1本	
⑫縁かがりひも	5本幅	220cm×2本	
⑬持ち手つけ補強	6本幅	10cm×4本	
⑭持ち手ひも	10本幅	37cm×4本	
⑮持ち手ループ	4本幅	20cm×8本	
⑯持ち手補強ひも	10本幅	21cm×2本	
⑰巻きひも	2本幅	470cm×2本	

裁ち方
からし [30m巻]

□ = 余り部分

83

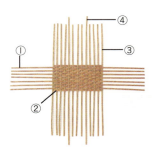

1 P.30を参照し、①、②横ひも、③、④縦ひも（両端から5本目が④縦ひも）、⑤始末ひもで角底を作るが、四隅の角を少し切り落としておく。

2 ⑥底編みひも2本で追いかけ編みを8周編んだらひもを休め、⑦差しひもを裏側に貼る。休めておいた⑥底編みひもで続けて追いかけ編みを4周、ねじり編みを1周編んでボンドでとめる。

3 裏返し、底から出ているひもをすべて内側に折り曲げて立ち上げる。以降、立ち上げたひもをすべて縦ひもとする。

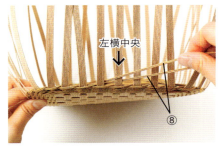

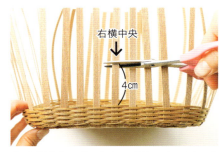

4 ⑧編みひも2本を左横中央の縦ひもとその1本左の縦ひもの裏側にボンドで貼る。

5 2本の編み目が交互になるように追いかけ編みで8段編む。編み終わりはひもの余分をカットし、ボンドで裏側にとめる。

6 右横中央の縦ひもを4cm残してカットし、内側に少し倒しておく。
※縦ひもを1本カットするのは、縦ひもの総数を奇数にするため。

7 1本目の⑨編みひもをカットした縦ひもの裏側に貼り、P.80の7～11を参照して右横に⑨編みひもを計3本貼って、よろい編みを編む。

8 2段目に入ったところ。カットした右横の縦ひものところは飛ばしてよろい編みを編む。

9 縦ひもの総数が奇数になり、前段と編み目が1目ずつずれ、根元がついて先が離れた松葉のような模様ができる（＝松葉よろい編み）。

10 カットした右横の縦ひもが隠れるところまで松葉よろい編みで編んだら、⑨編みひもを休める。余ったひもにボンドをつけてカットした縦ひもと編み目の間にボンドを入れてとめる。

11 続けて松葉よろい編みで計11段編む。途中ひもがなくなったら、つぎ足して編む。編み終わりはひもの余分をカットし、ボンドで裏側にとめる。

12 ⑩編みひもを右横中央の1本右の縦ひもの裏側にボンドで貼り、縦ひもに対して交互になるように8段編む。途中ひもがなくなったらつぎ足して編み、編み終わりは編み始めと重ねてボンドで貼り合わせる。

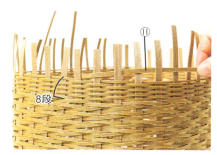

13 ⑪縁ひもを右横の縦ひもの裏側にボンドで貼り、前段と互い違いになるように1段編む。編み終わりは編み始めと重ねてボンドで貼り合わせる。

※縦ひもの総数が奇数なので、交互にならないところが1カ所あります。

14 側面の編み目を詰めてから、持ち手つけ位置（④縦ひも）以外の残った縦ひもを最終段の編み目をくるむように内側、外側に交互に折り、縦ひもの根元にボンドをつけ、編み目に差し込む。

※側面の編み目を詰めすぎると松葉の根元が重なってしまうので注意。
※内外が交互にならないところが1カ所あります。

15 P.33を参照し、⑫縁かがりひもで縁かがりをする。持ち手を避けてスタートし、持ち手のところはP.48・49の**11〜13**と同様にかがる。

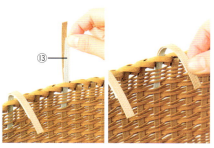

16 ⑬持ち手つけ補強にボンドをつけて④縦ひもの裏側に差し込み（一番上の⑨編みひものところまで）、内側に曲げながら貼り合わせて2重にする。

17 持ち手を作る。P.49の**14**を参照して⑮持ち手ループをU字に貼り合わせたものを4組作り、端から8cmのところに印をつける。⑭持ち手ひもの端に印のところまでボンドで貼る。

18 ⑮持ち手ループを片側だけ貼ったら、ループをいったん④縦ひもに通し、⑭持ち手ひもをかごの縁のカーブに沿わせる。

19 反対側の④縦ひものところまできたときに、⑭持ち手ひもに余分があればカットする。

※U字のループを片側だけ貼った時点で、かごの縁のカーブに合わせて持ち手ひもの長さを調整するのは、持ち手を倒したときにかごの縁にぴったりとのるようにするため。

20 ループを④縦ひもからはずし、⑭持ち手ひもの反対側にもU字の⑮持ち手ループを貼る。中央部に⑯持ち手補強ひもを貼り、U字の⑮持ち手ループひもとは突き合わせにする。

21 もう1本の⑭持ち手ひもを上に重ね、ひも端がはみ出すときは余分をカットする。ボンドで貼り、3重にする。

22 ⑰巻きひもの端を⑭持ち手ひもの裏側にボンドでとめ、すき間なく巻く（P.67参照）。もう1本の持ち手も同様に作る。

23 持ち手のループを④縦ひもに通し、④縦ひもの裏側の⑬持ち手つけ補強にボンドをつけ、内側の編み目に差し込む。

24 反対側の持ち手も同様に差し込む。でき上がり。

松葉よろい編みの丸底かご | Photo 27ページ

- ◎ 材料　ハマナカエコクラフト
  [30m巻] こはく(132) 1巻
- ◎ 用具　34ページ参照
- ◎ でき上がり寸法　写真参照
- ◎ 用意する幅と本数 (裁ち方図参照)

① 井桁ひも	12本幅	50cm × 4本
② 井桁ひも	8本幅	50cm × 4本
③ 底編みひも	2本幅	1150cm × 1本
④ 編みひも	2本幅	510cm × 1本
⑤ 編みひも	4本幅	450cm × 3本
⑥ 編みひも	2本幅	570cm × 1本
⑦ 縁ひも	4本幅	75cm × 1本
⑧ 縁かがりひも	5本幅	180cm × 2本
⑨ 持ち手ひも	8本幅	38cm × 2本
⑩ 巻きひも	2本幅	130cm × 2本

裁ち方
こはく [30m巻]

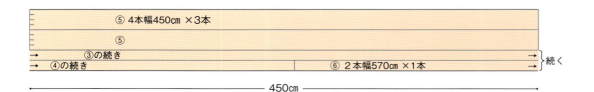

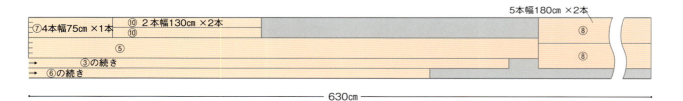

もろこし編みのショルダーバッグ 内袋の作り方 | バッグの作り方 93ページ、Photo 29ページ

裁ち方(用尺は参考)

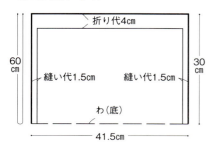

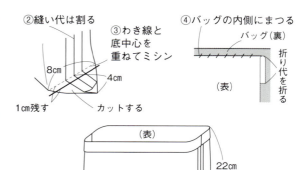

- ・内袋のサイズは、でき上がったバッグのサイズに合わせて調整する
- ・ほつれやすい布は端にジグザグミシンをかけておく

1 P.44の**1〜12**と同様に、①、②井桁ひも、③底編みひもで丸底を作る。

2 裏返し、底から出ているひもをすべて内側に折り曲げて立ち上げる。以降、立ち上げたひもをすべて縦ひもとする。

3 ④編みひもを③底編みひもの編み終わりに続けるようにボンドで貼り、縦ひもに対して交互になるように編んでいく。

4 8段編む。編み終わりはひもの余分をカットし、ボンドで裏側にとめる。

5 P.80の**7・8**を参照し、⑤編みひも3本を貼る。

6 P.80の**9〜11**を参照し、⑤編みひも3本でよろい編みを編む。

7 2段目を編んでいるところ。縦ひもの総数が奇数なので、前段と編み目が1目ずつずれ、根元がついて先が離れた松葉のような模様ができる（=**松葉よろい編み**）。

8 入れ口に向かってやや広がるように、松葉よろい編みで計6段編む。

9 編み終わりはひもの余分をカットし、ボンドで裏側にとめる。

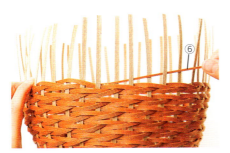

10 ⑥編みひもを⑤編みひもの編み終わりに続けるようにボンドで貼り、縦ひもに対して交互になるように編んでいく。

11 8段編んだら、ひもの余分をカットしてボンドで裏側にとめる。

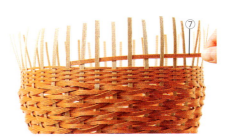

12 ⑦縁ひもを縦ひもの裏側にボンドで貼り、縦ひもに対して交互になるように1段編む。編み終わりは編み始めと重ねてボンドで貼り合わせる。

※縦ひもの総数が奇数なので、交互にならないところが1カ所あります。

13 側面の編み目を詰めてから、残った縦ひもを最終段の編み目をくるむように内側、外側に交互に折る。
※側面の編み目を詰めすぎると松葉の根元が重なってしまうので注意。
※内外が交互にならないところが1カ所あります。

14 折り曲げた縦ひもの根元にボンドをつけ、編み目に差し込む。表側は差し込んだときにひも端が編み目に隠れるようにカットしてから差し込む。

15 P.33を参照し、⑧縁かがりひもで縁かがりをする。

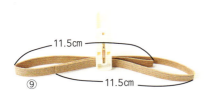

16 ⑨持ち手ひもは両端から11.5cmのところでそれぞれ内側に折る。

17 ⑨持ち手ひもをいったん伸ばし、かごの外側から⑦縁ひもの下に折り目のところまで差し込む。

18 もう1本の⑨持ち手ひもを向かい側に同様に差し込んで洗濯バサミで仮止めし、2本の持ち手の位置を調整する。
※持ち手から持ち手の縦ひもの本数は同じにはなりません。14本の方は持ち手を内側に寄せ、15本の方は外側に寄せて間隔を近づけます。

19 ⑨持ち手ひもを持ち手の形にし、ボンドで貼り合わせて3重の持ち手にする。

20 ⑩巻きひもの端を⑨持ち手ひもの間に入れてボンドでとめ、すき間なく巻く(P.67参照)。

21 反対側も同様に巻く。でき上がり。

◇ ニスについて

エコクラフトの作品が完成したら、ニスを塗ると光沢が増して耐水性がアップします。ニスには、刷毛で塗るリキッドタイプと、無色透明のスプレータイプとがあります。どちらもニスを塗った後は、充分に乾かしてから使いましょう。

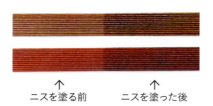

↑ ニスを塗る前　　↑ ニスを塗った後

左 ・ハマナカ 水性アクリルニス（H204-548）

右 ・ハマナカ 透明アクリルニス・スプレータイプ（H204-577）

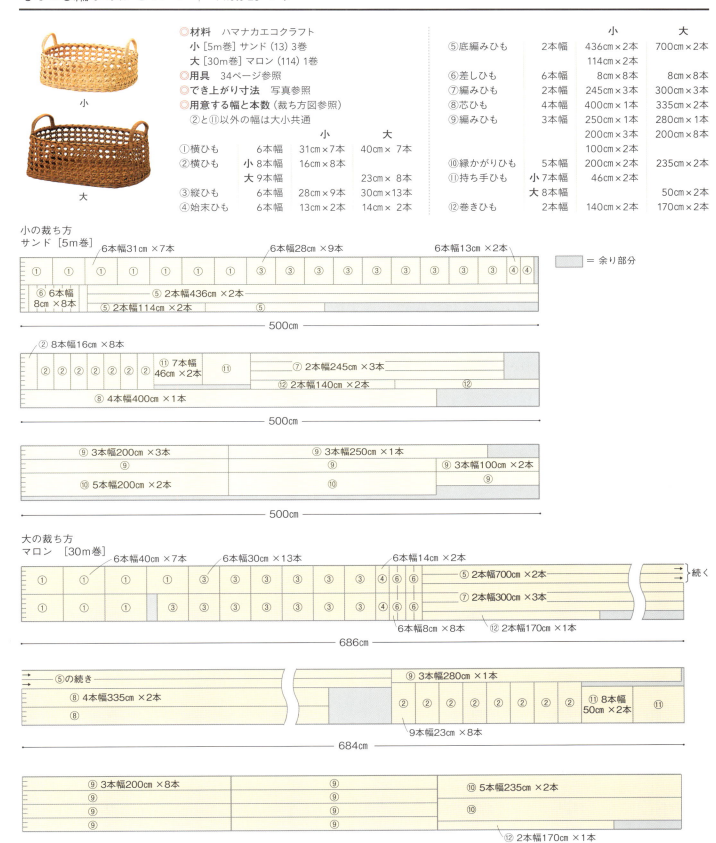

※大で解説をしています。小は指定の長さで同様に作ります。

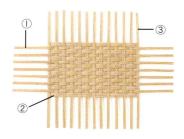

1 P.30を参照し、①、②横ひも、③縦ひも、④始末ひもで角底を作るが、四隅の角を少し切り落としておく。

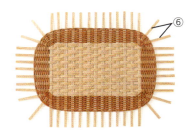

2 ⑤底編みひも2本で追いかけ編みを8周編んだらひもを休め、⑥差しひもを裏側に貼る。休めておいた⑤底編みひもで続けて追いかけ編みを6周、ねじり編みを1周編んでボンドでとめる。

3 裏返し、底から出ているひもをすべて内側に折り曲げて立ち上げる。以降、立ち上げたひもをすべて縦ひもとする。

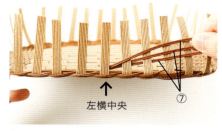

4 P.32を参照して⑦編みひも3本を左横の縦ひもの裏側にボンドで貼り、縦ひも1本分ずつずらして出す。

5 3本なわ編みで3段編む。

6 編み終わりはひもの余分をカットし、ボンドで裏側にとめる。

7 ⑧芯ひもを左横中央の縦ひもの裏側に貼り（斜めではなく垂直に貼る）、縦ひもに対して交互になるように1段編み、ひもを休めておく。

8 側面の編み目を詰めてから、残った縦ひもを⑧芯ひもの編み目をくるむように内側、外側に交互に折る。

9 縦ひもを底面に合わせてカットし、縦ひもの根元にボンドをつけ、編み目に差し込む。

10 全部差し込んだところ。⑧芯ひもの貼り始めの左横中央の縦ひもだけ、⑧芯ひもを2重にはさんで差し込む。

11 ⑨編みひも（最初に一番長い編みひもを使う）を半分に折る。

12 ⑨編みひもを左横中央から右1本目と2本目の間の⑧芯ひもの下に折り山まで差し込む。

13 内側に出した⑨編みひもを外側のひもにのせるように表側に出す。

14 bの⑨編みひもを次の目（右隣の⑧芯ひもの下）に内側から外側に通し、右上斜め方向に折る。

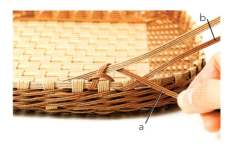

15 aの⑨編みひもを⑧芯ひもに表側からかけて折る。このとき、14で通したbのひもの上に出す。

16 15で出したaの⑨編みひもを次の目に内側から外側に通し、右上斜め方向に折る。

17 15と同様にbの⑨編みひもを⑧芯ひもに表側からかけて折り、aのひもの上に出す。

18 16・17をくり返す（＝もろこし編み）。常に右上斜め方向のひもが右下斜め方向のひもの下になるようにクロスさせる。

19 ⑧芯ひもは前段との間隔を少しずつあけ、徐々に平行になるように編んでいく。

20 もろこし編みで少し編んだころ。

21 ⑨編みひもがなくなったら、⑧芯ひもの裏側で隠れるところで次の⑨編みひもとつなぐ。

22 1周したら、2周目も同様に⑨編みひもを前段の⑧芯ひもの下に通して編んでいく。

23 ⑧芯ひもは前段と平行になるようにし、形が歪んでいないか確認しながら編む。

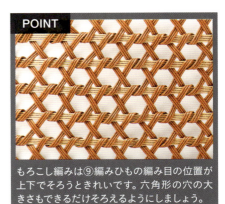

POINT

もろこし編みは⑨編みひもの編み目の位置が上下でそろうときれいです。六角形の穴の大きさもできるだけそろえるようにしましょう。

24 小は4周、大は6周編むが、編み終わりは段差がつかないように、少しずつ斜めに前段との間隔を狭めていく。

25 側面を編み終えたところ。

26 ⑧芯ひもと⑨編みひもの始末をする。⑧芯ひもは左横で前段のひもと重なるようにし、余分をカットしてボンドで裏側にとめる。

27 ⑨編みひもも左横で余分をカットし、ボンドで裏側にとめる。

28 裏側から見たところ。

29 P.33を参照し、⑩縁かがりひもで縁かがりをする。右横からスタートして⑧芯ひもの下に通してかがり、左横の編み終わりのところは2目くらい⑧芯ひもを2本一緒に通す。

30 全部かがったところ。

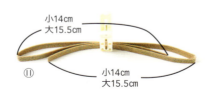

31 ⑪持ち手ひもは両端から小は14cm、大は15.5cmのところでそれぞれ内側に折る。

32 ⑪持ち手ひもをいったん伸ばし、かごの左右の外側から最終段の⑧芯ひもの下に折り目のところまで差し込む。

33 ⑪持ち手ひもを持ち手の形にし、ボンドで貼り合わせて3重の持ち手にする。

34 ⑫巻きひもの端を⑪持ち手ひもの間に入れてボンドでとめ、すき間なく巻く（P.67参照）。

35 反対側の持ち手も同様に作る。でき上がり。

もろこし編みのショルダーバッグ | Photo 29 ページ

- ◉ **材料** ハマナカエコクラフト
  [30m巻]チョコレート(115)1巻
  内袋用布 41.5cm×60cm
  (＊内袋の作り方はP.86参照)
- ◉ **用具** 34ページ参照
- ◉ **でき上がり寸法** 写真参照
- ◉ **用意する幅と本数**(裁ち方図参照)

①横ひも	4本幅	40cm×	5本
②横ひも	8本幅	31cm×	6本
③縦ひも	4本幅	17cm×	21本
④始末ひも	4本幅	9cm×	2本
⑤編みひも	2本幅	255cm×	3本
⑥芯ひも	4本幅	470cm×	3本
⑦編みひも	3本幅	200cm×	23本
⑧縁かがりひも	5本幅	235cm×	2本
⑨リングひも	5本幅	12cm×	4本
⑩持ち手ひも	8本幅	167cm×	2本
⑪巻きひも	2本幅	530cm×	2本

裁ち方 チョコレート[30m巻]　　　= 余り部分

789cm

655cm

600cm

804cm

93

1　P.30を参照し、①、②横ひも、③縦ひも、④始末ひもで角底を作る。

2　裏返し、底から出ているひもをすべて内側に折り曲げて立ち上げる。以降、立ち上げたひもをすべて縦ひもとする。

3　P.32を参照して⑤編みひも3本を左横の縦ひもの裏側にボンドで貼り、縦ひも1本分ずつずらして出す。

4　3本なわ編みを編む。

5　3段編んだら、ひもの余分をカットし、ボンドで裏側にとめる。

6　⑥芯ひもを左横中央の縦ひもの裏側に貼り（斜めではなく垂直に貼る）、縦ひもに対して交互になるように1段編み、ひもを休めておく。

7　側面の編み目を詰めてから、残った縦ひもを⑥芯ひもの編み目をくるむように内側、外側に交互に折る。

8　縦ひもを底面に合わせてカットし、縦ひもの根元にボンドをつけ、編み目に差し込む。

9　全部差し込んだところ。⑥芯ひもの貼り始めの左横中央の縦ひもだけ、⑥芯ひもを2重にはさんで差し込む。

10　P.90・91の11〜23を参照し、⑥芯ひもと⑦編みひもでもろこし編みを編む。

11　2周目を編んでいるところ。

12　⑥芯ひもは前段と平行になるようにし、形が歪んでいないか確認しながら編んでいく。

裏側

13 もろこし編みで16周編む。

14 編み終わりは、P.92の**24**、**26**〜**28**を参照して段差がつかないように斜めに始末する。

15 P.33を参照し、⑧縁かがりひもで縁かがりをする。右横からスタートして⑥芯ひもの下に通してかがり、左横の編み終わりのところは2目くらい⑥芯ひもを2本一緒に通す。

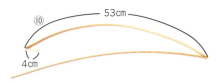

16 持ち手を作る。⑩持ち手ひもの端を内側に4cm折り、折り目から53cmのところをさらに内側に折る。

17 残りのひもを下側に沿わせ、持ち手の形にしながら左端まできたら上側に沿わせ、右端まできたら残り部分を内側に折る。

18 両端にループ分を残し、持ち手の形を作りながらボンドで貼り合わせる。3重の持ち手になる。

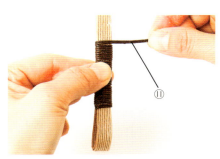

19 ループはあとで縦ひもを通すので、つぶれている場合はペンなどを使って穴を広げておく。

20 ⑪巻きひもの端を⑩持ち手ひもの裏側にボンドでとめ、ループ部分を残してすき間なく巻く（P.67参照）。

21 もう1本の持ち手も同様に作る。

22 持ち手のループと持ち手つけ位置（**23**の写真参照）に⑨リングひもを通し、二重の輪を作りながらボンドで貼り合わせる。

23 片側の持ち手がついたところ。

24 反対側の持ち手も同様につける。P.86を参照に内袋を作り、本体につける。でき上がり。

荒関まゆみ　mayumi araseki

横浜市在住。母親の影響で手芸に興味をもち、2001年よりエコクラフト手芸の指導を始め、書籍や雑誌への作品発表、テレビ出演など幅広く活躍中。現在、神奈川県内と都内の3カ所のカルチャーセンターでエコクラフト講座を開講中。完成度の高い仕上がりと、シンプルでセンスの光る作風が人気。わかりやすく丁寧な指導にも定評がある。著書に「手づくりLesson はじめてでも作れる エコクラフトのかご＆バッグ」（朝日新聞出版）、「エコクラフトで作る まいにちのバッグとかご」（成美堂出版）、「エコクラフトで作る かごとバッグ総集編」（ブティック社）がある。
ホームページ　http://www5a.biglobe.ne.jp/~hpkoto/

◎ Staff

ブックデザイン／平木千草
撮影／下村しのぶ
プロセス撮影／中辻 渉
スタイリング／大原久美子
トレース／白くま工房
作り方協力／チームゆめひも
編集／小出かがり（リトルバード）
編集デスク／朝日新聞出版 生活・文化編集部（森 香織）

◎エコクラフトと用具提供

ハマナカ株式会社
京都本社
〒616-8585　京都市右京区花園藪ノ下町2番地の3
Fax.075-463-5159
http://www.hamanaka.co.jp
info@hamanaka.co.jp

印刷物のため、作品の色は実物とは多少異なる場合があります。

編み方いろいろ
エコクラフトのかご

著　者　荒関まゆみ
発行者　橋田真琴
発行所　朝日新聞出版
　　　　〒104-8011　東京都中央区築地 5-3-2
　　　　☎ (03) 5541-8996（編集）　(03) 5540-7793（販売）
印刷所　図書印刷株式会社

©2016 Mayumi Araseki
Published in Japan by Asahi Shimbun Publications Inc.
ISBN 978-4-02-333082-5

定価はカバーに表示してあります。
落丁・乱丁の場合は弊社業務部（電話 03-5540-7800）へご連絡ください。
送料弊社負担にてお取り替えいたします。

本書および本書の付属物を無断で複写、複製（コピー）、引用することは著作権法上での例外を除き禁じられています。また代行業者等の第三者に依頼してスキャンやデジタル化することは、たとえ個人や家庭内の利用であっても一切認められておりません。